Highlights

IRAN

DIE 50 ZIELE, DIE SIE GESEHEN HABEN SOLLTEN

Highlights IRAN

Priska Seisenbacher
Andreas Schörghuber

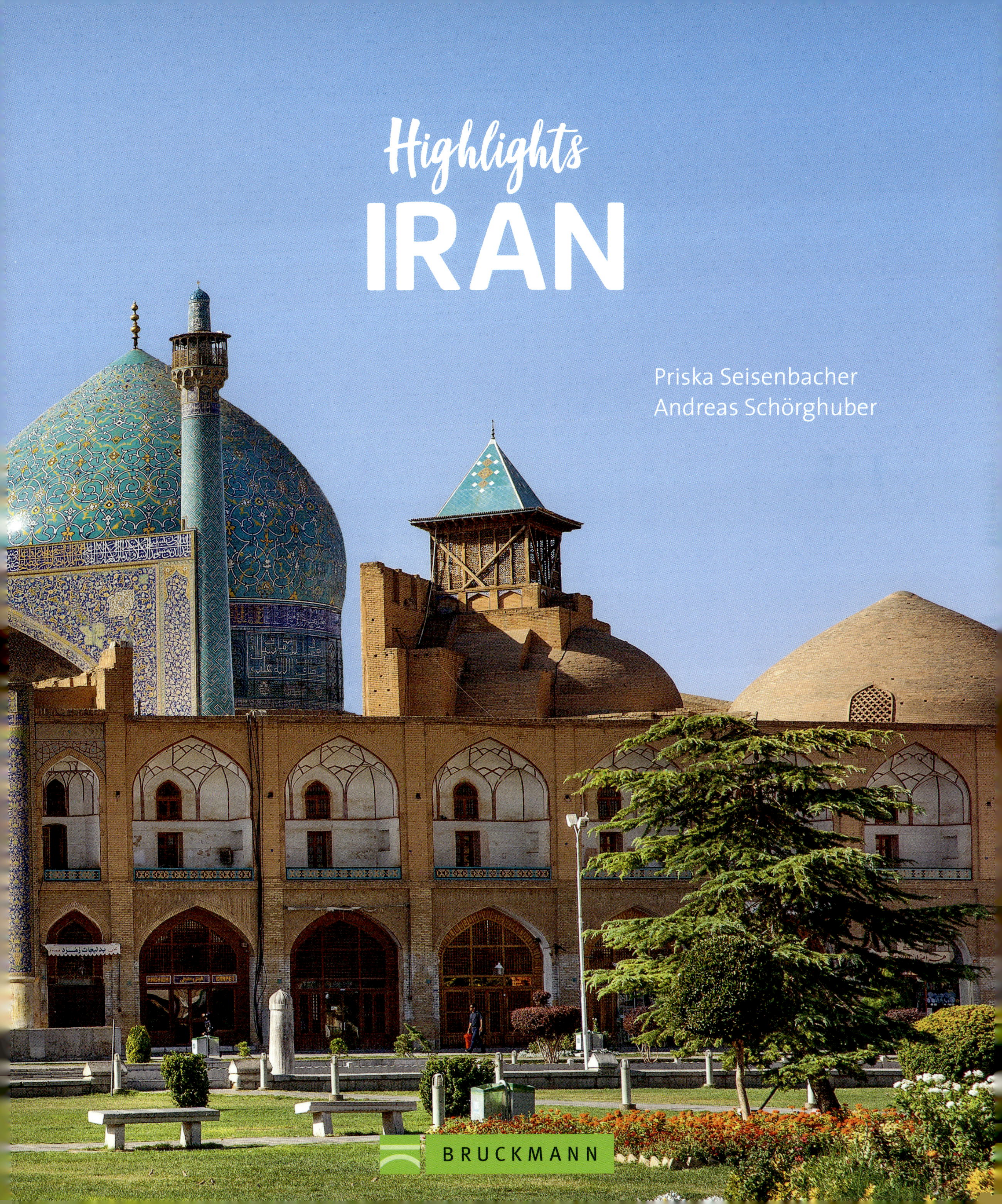

BRUCKMANN

Inhalt

Bilder (v.l.n.r.): Der Iran bietet Kuppeln wie die von Mahan, herzliche Begegnungen und imperiale Miniaturmalereien in Isfahan. Vielerorts kleidet man sich in traditioneller Tracht, in den Basaren bekommt man Rosenblüten und im Osten des Landes gibt es Oasenstädte wie Nayband.

RUSSLAND
GEORGIEN
ASERBAIDSCHAN
ARMENIEN
TURKMENISTAN
Kaspisches
Meer
IRAK
KUWAIT
Persischer Gol
Kuh-ha-ye Alborz
Dasht
Kuh-e Dom
Kavir National Park
TEHERAN
Täbris
Ardabil
Rasht
Qazvin
Zanjan
Hamadan
Kermanshah
Khorramabad
Qom
Kaschan
ISFAHAN
Dezful
Ahvaz
Abadan
Sari
Gorgan
Semnan
Shahrud
Damghan
Orumiyeh
Daryacheh-ye-Orumiye
Khoy
Maku
Marand
Mahabad
Bukan
Sanandadsch
Borujerd
Susa
Meymand
Nain
Stephanus-Kloster
DzorDzor
St. Thaddäus
Kiyamaki Dagh 3347
Farbige Berge
Kuh-e Sahand 3710
Kandovan
Tacht-i Suleiman
Kuh-e Hogalak 3171
Hawraman
Taq-e Bostan
Kuh-e Garin 3638
Oshtoran Kuh 4328
Kuh-e Garbos 4294
Bachtiaren im Zagrosgebirge
Tschogha Zanbil
Kuh-e Kalar 3612
Kuh e Dinar 4404
Khaled Nabi
Gelfeshan
Badab-e Surt 4015
Kuh-e Chah Shirin 2357
Rud-e Atrak
Aras Rud
Zarrine Rud
Gavo Rud
Ab-e Seymareh
Rud-e Dez
Rud-e Karun
Zayandeh Rud
Rud-e Marun
Rud-e Polvar
Rud-e Qezel Owzan
Selid Rud
Bubiyan Island
Failaka Island
Dorra
Jazireh-ye Khark
Khowr-e Soltani
0 100 km

TURKMENISTAN
AFGHANISTAN
PAKISTAN
OMAN
VAE
Golf von Oman
Straße von Hormus
Baluchistan
Dasht-e Lut
Kavir
Namakzar-e Shadad
Kuhha-ye Qohrud
Kuhha-ye Bashagerd
Kuh-e Gebal Barez
Kuh-e Palangan
Pir Shuran
Sarhad
Gham Shadzar
Kuh-e Binalud
Kuh-e Esger
Kavir-e-Namk
Abarkuh
Qohrud
Sorkh
36
MASCHHAD
Bajgiran
Kabud Gondab
Amir Abad
Quchan
Faruj
Nischapur
Fariman
Kuh-e Shah Jahan
3032
Meshkin
Torbate-e Jam
Robat Sang
Kuh-e Sorkh
3019
Torbate-e-Heydariyeh
Taybad
Sabzevar
Davarzan
Ata'iyeh
Aryan
Kashmar
Mahneh
Sangan
Bardeskan
Hasan Abad
Solh Abad
Gonabad
Tappeh Taq
Bejestan
2856
Chah-e-mosafar
Qa'en
Mansur Abad
Asad abad
Ferdows
Sarayan
Ratuk
Boshruiyeh
Birjand
Chah Sagak
Sar Bisheh
Tabas
Fedeshk
Giv
Sahl Abad
Deyhuk
Arab Abad
Zabol
Adimi
Tabasin
Kuhak
Samad Abag
Nehbandan
Sefid Abeh
Parvareh
Khur
Garmeh
44
Nayband
Tasuki
Bavaziveh
Robat-e-posht Badam
Cheshmeh Malek
46
Kaluts
Darband
2328
Saghand
Taf Siyah
Zarrin
Beh Abad
Nosrat Abad
Zahedan
41
Kharanaq
Kuh-e Khorunaq
3197
Kuh Banan
3658
Ravar
Shuru
Jun Abad
Lolokadan
Muk Sukhteh
Yazd
42
Meybod
Bafq
Shahdad
Kahurak
Kuh-e Taftan
4042
2995
Chah Kavr
Zarand
Kuhpayeh
Eskel Abad
Khash
Zein-o-din
Charrud
45
Kerman
Mahan
Shir Kuh
4075
Shemsh
47
48
Robat
Gowhar Shar
Paskuh
Dehak
Tang Chenar
Anar
Bayaz
Bahramjerd
Rayen
49
Higan
Bam
Kuh-e Birg
2783
Kuh-e Lalezar
4374
Kuh-e Bazman
3489
Bazman
Zaboli
Jowsam
Mohammad Abad
Masjed-e-Abolfazi
Zaminan
Katun Abad
Jiroft
Iran Shahr
Ashar
Harabarjan
Balvard
Baft
Halil Rud
Bid
Jian
Harat
Sirjan
Bahador Abad
Dalgan
Qasem Abad
Sarbaz
Pishin
Kuh-e Kheybar
3845
Huvar
Patkan
Kuh-e Nokhoch
2093
Naqsch-e Rostam
Chah Sorkh
Golashkerd
Kahnuj
8
Tashk
Ali Abad
Bagh-e Chenar
2731
Chah Zardar
Tang Sorkheh
Fannuj
9
Persepolis
Shah Maran
Bargah
Nikshar
Rud-e Koja
Neyriz
Hur
Kuh-e Buhan
3281
7
Schiras
Darab
Runiz
Furk
Faryab
Muman
Kuhenjan
Shesh Deh
Khoshangan
Minab
Sanderk
Angchran
Hengam
Kahir
Konarak
Chabahar
Hoseyn Abad
Chah Zebar
Bandar-e-Abbas
Jogidan
1665
Gurdim
Firuz Abad
Anguran
Jazireh-ye Hormus
Ziyarat Kalleh
Sadich
Kalat
Jahrom
Hormud
Kahurestan
Qeshm
Jazireh-ye Larak
Gabrik
Gati
Deh Now
Qir
50
Lar
Kargushki
Bandar-e Khamir
Laft-e Nou
Khonj
Gerash
Musandam Peninsula
Jask
Darvishi
Kuh-e Gavbast
2180
Basták
Bandar-e Hamiran
Jazireh-ye Qeshm
Kuh Mobarak
Valayat
Rud-e Mehran
Basaidu
Abdan
Bandar-e Taheri
Bandar-e-Langeh
Gavbandi
Bandar-e Charak
Jazireh-ye Tonb-e Bozorg
Jabrin
Jazireh-ye Forur
Jazireh-ye Lavan
Jazireh-ye Kish
Jazireh-ye Sim

Die Freitagsmoschee ist das bedeutendste Bauwerk von Yazd (oben). Die persische Architektur beeindruckt mit detailreichen Kuppelbauten, in Kaschan beispielsweise im Basar (rechts oben) und im Borujerdi-Haus (rechts unten).

Der Glanz Persiens

»Welcome to Iran«

Eine Perle des Orients erwacht aus einem langen und tiefen Dornröschenschlaf – und plötzlich wirft die Welt ein Auge auf die unsagbaren Kostbarkeiten des Iran – und ist begeistert. Die vielfältige Schönheit Persiens reicht von orientalischem Charme über atemberaubende Landschaften bis zu überwältigender Architektur. Und doch sind es letztlich die Menschen, die jedem Besucher am meisten in Erinnerung bleiben werden.

Die drei Worte »Welcome to Iran« sind mehr als eine Begrüßungsfloskel. Reisende, die bereits das Glück hatten, Persiens Schönheit zu erleben, wissen das. Ihnen wird dieser Satz sogleich ein Lächeln auf die Lippen zaubern, weil er für all die Herzlichkeit steht, die man im Iran erlebt. Ob nun ein kleiner Junge tanzend und hoch jauchzend in Isfahans Königsmoschee die drei magischen Worte ruft oder eine Familie damit ihre Einladung zum Tee unterstreicht: Während der gesamten Reise wird man sich zu all diesen Gelegenheiten auf eine Weise willkommen fühlen, wie man es kaum irgendwo auf der Welt erlebt. »Welcome to Iran« ist dabei weniger ein Ausdruck von Höflichkeit, sondern vor allem der ehrlichen Freude darüber, dass Menschen der westlichen Welt den Iran besuchen und die Schönheit, Kultur und Menschen des Landes zu schätzen und lieben lernen.

Was Gastfreundschaft bedeutet

Wo auch immer man sich im Iran aufhält, man wird immer gastlich empfangen werden. Was Herzlichkeit bedeutet, erfährt man, wenn man aus purer Gastfreundschaft zum Tee und Essen eingeladen wird oder sogar ein Nachtquartier angeboten bekommt. Mit Gästen wird alles geteilt; sie werden reich verköstigt und gut umsorgt. Dies gilt auch, wenn man im Nirgendwo nach einer langen Fahrt eine kleine Pause einlegt und vor einem abgelegenen

Die Lotfollah-Moschee zählt zu den schönsten Moscheen im gesamten Iran (oben). Abgesehen von der Architektur ist es aber die Herzlichkeit der Menschen, die das Land ausmachen (unten).

Haus unter einem schattenspendenden Baum Schutz sucht. Der Hausbesitzer legt dann nicht die Stirn in Falten und drückt seine missbilligende Verwunderung aus, sondern fragt viel wahrscheinlicher mit einem breiten Lächeln: »Chai?« – »Tee?« Diese ganz besonderen Erlebnisse sind charakteristisch für den Iran und überall denkbar, sei es auf dem touristischen Naghsh-e-Jahan-Platz in Isfahan, aber auch in einem ganz gewöhnlichen Elektrogeschäft einer beliebigen Stadt. Touristen, die sich für das Reiseziel Iran entschieden haben, kommen wegen der Kunstschätze und der phänomenalen Architektur, aber sie bleiben wegen der Menschen, durch die das Land weltweit zu einem der großartigsten Reiseziele wird.

Jahrtausendealte Kunst und Kultur

Eine Reise nach Persien ist ein Genuss für die Sinne und ein Zeitreise durch die Jahrtausende. Wer eine tiefe Leidenschaft für Archäologie und antike Geschichte hegt, dessen Herz schlägt im Iran höher. Kostbarkeiten von unsagbarem Wert wurden und werden hier gefunden und sind nunmehr in der ganzen Welt verstreut ausgestellt. Die Geschichte des Landes reicht weit zurück, auch prähistorische Funde sind keine Seltenheit. Ein eindrucksvolles Erbe hinterließ das antike Reich von Elam, und mit dem Achämenidenreich im 6. Jahrhundert v. Chr. begann schließlich die Geschichte Persiens, die sich unter sassanidischer Vorherrschaft im 3. Jahrhundert n. Chr. fortsetzte. Zu den vorislamischen Schätzen des Landes kamen nach der islamischen Eroberung im 7. Jahrhundert immer mehr herrschaftliche Moscheen hinzu, die sich in ihrer Schönheit gegenseitig übertreffen. Jede Epoche hinterließ ihre einzigartige Signatur, so ist beispielsweise die safawidische Herrschaftsperiode für ihre farbenprächtigen Monumente bekannt. Der Iran ist eine wahre Schatzkiste für historisch und kulturell interessierte Reisende, wobei sich die reiche Kultur und Geschichte des Landes auch in seinen kulinarischen Köstlichkeiten spiegelt. Zu schade, dass viele Restaurants immer nur Kebabs, gegrillte Fleischspieße, anbieten, denn persische Gerichte sind eine Offenbarung für europäische Gaumen.

Die Faszination des Orients

Gerne assoziiert man Irans zauberhafte Altstädte mit den Märchen aus Tausendundeiner

Nacht, zumindest verwenden viele Reisende diesen Vergleich, wenn sie die Schönheit der orientalischen Städte des Landes in Worte fassen möchten. Damit liegen sie gar nicht so weit von der Wahrheit entfernt: Wenngleich die ersten Erzählungen der Geschichtensammlung aus Indien stammen, so entstand doch im Lauf der Zeit eine persische Urfassung. Orientalische Perlen wie Kaschan oder Yazd faszinieren mit ihren charakteristischen Lehmbauten, Gassenlabyrinthen und herrschaftlichen Moscheen, die das Stadtbild krönen. Hinzu kommen die Basare, die einen Rausch für alle Sinne bieten. Die traditionellen Märkte des Iran sind die Pulsadern jeder Stadt. Die Gerüche, die Farben, die Kostbarkeiten – der Iran bietet die Vielfalt, die sich westliche Reisende in ihren Träumen gerne ausmalen, wenn sie an Basare des Orients denken.

Unentdeckte Vielfalt

Die meisten Menschen verbinden mit dem Iran staubige Wüsten, tatsächlich bietet das Land aber unglaublich viele Naturschätze. Zu seinen einzigartigen Landschaften gehören die surrealschöne Turkmensahra ebenso wie die überwältigenden Farben und Formen von Badab-e Surt. Und auch Wüste ist nicht gleich Wüste: Die Dasht-e Kavir und die Dasht-e Lut beeindrucken mit bizarren Formationen und scheinbar unendlichen Weiten. Der Nordosten des Iran überrascht besonders im Frühjahr mit üppig grünen Berglandschaften und birgt das eine oder andere Geheimnis, beispielsweise

Der Wüstenabschnitt Rig-e Jenn soll von bösen Geistern bewohnt sein.

Am Land wird Tradition groß geschrieben. Überzeugen kann man sich davon vor allem in den pittoresken Bergdörfern, wie es sie im kurdischen Hawraman Tal (oben) gibt und zu welchen auch Masuleh (rechts) im Nordwesten Irans zählt.

Hawraman, ein Tal von ungeahnter Schönheit. Im mächtigen Gebirgszug Zagros ist der über 4000 Meter hohe Zard Kuh die Krone einer grandiosen Landschaft. Vom heißesten Ort der Welt bis zu beliebten Skigebieten hat der Iran einfach alles zu bieten. Die Vielfalt setzt sich auch im kulturellen Erbe des Landes fort. Neben den antiken Schätzen des Landes überrascht Iran manche aufgrund der gut erhaltenen nomadischen Tradition. Auch wenn der Zahn der Zeit an der nomadischen Lebensweise nagt, gibt es weltweit betrachtet noch verhältnismäßig viele Menschen, die Nomadengruppen angehören. So gehören schließlich nicht nur das moderne Leben im Iran Großstädten, sondern eben auch die Traditionen verschiedener Bevölkerungsgruppen zu den kulturellen Vorzügen des Landes.

Ende des Dornröschenschlafs

Noch vor kurzer Zeit erntete man schräge und besorgte Blicke, wenn man von dem Vorhaben erzählte, in den Iran zu reisen. Dies beginnt sich jetzt rasant zu ändern, denn mittlerweile hat sich herumgesprochen, was Touristen im Iran wirklich erwartet. Das Angebot an Gruppenreisen ist auf einen Schlag unglaublich angestiegen – offensichtlich kündigt sich ein wahrer Boom an. Iran ist auf einmal kein weißer Fleck mehr auf der Landkarte und wird nicht mehr wie noch vor Kurzem nur mit der Diskussion über das Atomprogramm in Verbindung gebracht. Das Land selbst muss sich jetzt auf den touristischen Ansturm gefasst machen und ist bemüht, mehr Unterkünfte zu schaffen. Die schlafende Schönheit erwacht zu neuem Leben. Iraner und Iranerinnen wissen natürlich seit jeher um die Einzigartigkeit ihres Landes und sind völlig zu Recht stolz auf ihre Kultur. Aber jetzt steigen seit langem auch wieder die Zahlen der westlichen Besucher. Über alle Klischees und weltpolitischen Diskussionen der vergangenen Jahre hinweg erleben Reisende im Iran ein Land voller großartiger Schätze, unter denen der wertvollste ohne Zweifel seine freundlichen Menschen sind.

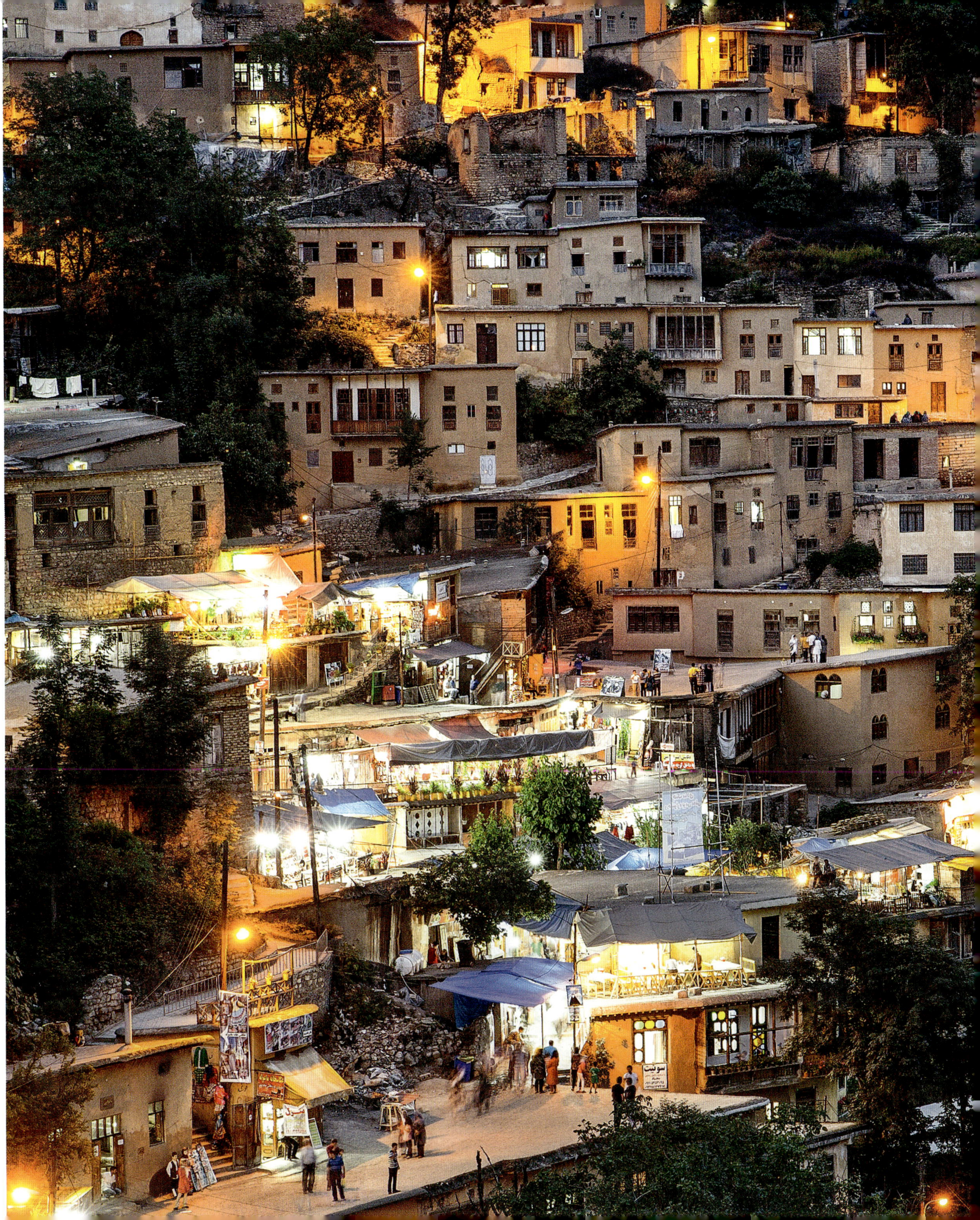

Ein Land voller Poesie – persische Literatur

Eine Herzensangelegenheit

Voller Hingabe werden noch heute Verse längst verstorbener Dichter rezitiert, deren Grabmäler längst zu Pilgerstätten geworden sind. Die Liebe zur Literatur ist ein wichtiger Teil der iranischen Identität und die neupersischen Werke sind eine Offenbarung für alle, die Literatur lieben.

Unter der Kuppel seines Grabmals (oben) versammeln sich Männer und Frauen in Gedenken an den großen Poeten Hafis (rechts oben). Ferdausis Grabmal steht nicht weit von Maschhad entfernt (rechts unten), und auch in modernen Cafés wird Literatur zelebriert (unten).

Die tiefe Verbundenheit der iranischen Bevölkerung zu ihren Dichtergrößen ist kein Geheimnis, sondern allgegenwärtig. Reisende wird es mitunter verwundern, mit welcher Begeisterung Einheimische Verse ihres Lieblingsdichters rezitieren und tief bewegt zu den Grabstätten der verstorbenen Poeten pilgern. Die Liebe zur Poesie wird in der Stadt Schiras am deutlichsten spürbar, befinden sich hier doch die Grabstätten von Hafis und Saadi. Jung und Alt kommen in die paradiesisch angelegten Gärten und zu den Grabmälern, lassen ihre Hand liebevoll über den Grabstein streifen oder küssen sanft ihren mitgebrachten Lyrikband. Der Literat Hafis lebte im 14. Jahrhundert und vermochte mit seiner Kunst weit über Herrschafts- und Landesgrenzen hinaus zu inspirieren. Auch Goethe drückte seine Bewunderung für ihn aus: »Und mag die ganze Welt versinken, Hafis mit dir, mit dir allein will ich wetteifern!«

Heute ist Hafis' Lyrikband *Diwan* fester Bestandteil iranischer Haushalte. Alljährlich zum persischen Neujahrsfest Nouruz pflegen viele den Brauch, eine willkürliche Seite aufzuschlagen und den Finger blind auf einen Vers zu führen. Dieses Stück Poesie soll dann den Weg für das bevorstehende Jahr weisen. Oft ist die Liebe das Leitmotiv persischer Dichtung, das ist bei Hafis nicht anders. Der Dichter Nizami schuf im 12. Jahrhundert das große Liebesdrama *Laila*

und Madschun, ähnlich Shakespeares *Romeo und Julia*. Liebe kann auch religiös besetzt sein. Vor allem für Anhänger der islamischen Mystik, die Sufisten, kann der Weg zur Gott nur über die Liebe führen. Zu den bekanntesten Vertretern dieser Lyrik zählt der im 13. Jahrhundert wirkende Dschalaloddin Rumi.

Große Könige und Literaten

Als erste Hochblüte der neupersischen Dichtung gelten die Werke von Rudaki (um 858–941) und Ferdausi (940–1025). Während Rudaki vor allem für eine in Versform übertragene Fabelsammlung bekannt ist, brachte Ferdausi mit dem *Buch der Könige* dem *Schahname*, nichts Geringeres als das noch heute hochverehrte persische Heldenepos hervor. Das Werk handelt von der vorislamischen Geschichte Irans mit seinen zahlreichen Königen und Helden. Im 20. Jahrhundert erfuhr das Werk eine Renaissance durch den iranischen Nationalismus, der in dem Werk die Möglichkeit sah, eine iranische Identität zu stärken. Ferdausis Grabmal wurde erst zum 1000. Geburtstag des Poeten in seiner Heimat Tus, wenige Kilometer von Maschhad entfernt, errichtet und kann ebenfalls besucht werden.

Moderne Dichtung

Im 20. Jahrhundert erfolgte eine Neuorientierung und Literatur in Prosaform nahm stetig zu. Zu den absoluten Größen unter den modernen Schriftstellern zählte Sadeq Hedayat, der vor allem wegen seiner satirischen und surrealen Kurzgeschichten und Novellen wie *Die blinde Eule* oder *Streunender Hund* Bekanntheit erlangte. Er gilt als romantischer Nationalist, verbrachte viele Jahre in Europa und lehnte arabische Einflüsse ab. Sein gesamtes Werk wurde unter der Regierung von Ahmadinedschad verboten. Ebenso mit Sarkasmus, aber vor allem mit ausgeprägter Sozialkritik glänzen die in Prosa verfassten Werke Dschalal Al-e Ahmads. Dezidiert politisch und gesellschaftskritisch zeigt sich auch die Autorin Simin Daneschwar. In ihrem Roman *Drama der Trauer* (Suwaschun) setzt sie sich mit den innen- und außenpolitischen Problemen des Landes vor der Islamischen Revolution auseinander. Viele Werke der modernen iranischen Literatur entstanden im Exil und wurden lange nicht in Iran veröffentlicht. Das beginnt sich langsam und teilweise zu ändern. So wurde mittlerweile der Roman *Die nächtliche Harmonie des Holzorchesters* von Reza Ghassemi in Iran verlegt.

Die Landesmitte

Im Herzen Irans

Zur Agha-Bozorg-Moschee gehört eine theologische Schule (links). In Abyaneh werden traditionelle Kopftücher mit Blumen-dekor getragen (oben). Den Basar in Qom (unten) ziert wie viele iranische Basare ein Timche genannter Kuppelbau.

QOM
KASCHAN
ABYANEH
ISFAHAN
SCHIRAS
PERSEPOLIS
NAQSCH-E ROSTAM
Kavir National Park
Dasht-e Kavir
Kuhha ye Qohrud
Zagros-Gebirge
Persischer Golf
Yazd
Arak
Nain
Abarkuh
Pasargadae
Varzaneh
Natanz
Shahreza
Ahvaz
Dezful
Semnan
Saveh
Maranjab
Maranjab-Wüste
Daryacheh-ye-Namak
Zayandeh Rud
Sar Agha Seyed
Khorramabad
Borujerd
Kuh-e Dom
Kavir-e Abarkuh
Bandar-e Busher
Borazjan
Firuz Abad
Neyriz
50 km

Reiseroute durch den zweitgrößten Platz der Welt

Irans unglaubliche Ausmaße machen es schier unmöglich, in zwei oder drei Wochen quer durch das ganze Land zu reisen. Abhilfe schafft eine kompakte Route durch die Landesmitte. Die hiesigen Städte und Landschaften sind mittlerweile Klassiker bei einer ersten Reise durch Iran.

Für viele Besucher beginnt die Reise mit der Ankunft am Teheraner Imam-Khomeini-Flughafen. Dort stellt sich die Frage, ob man sich gleich zu Beginn in den Großstadtdschungel Teherans wagen möchte. Einen sanfteren Einstieg als die riesige Metropole bietet die charmante Altstadt des nur zwei Stunden entfernten Kaschan. Viele Reisende mieten für die Strecke direkt am Flughafen ein Taxi. Alternativ fährt man zum südlichen Busbahnhof in Teheran und steigt dort in einen der vielen und günstigen Busse um. Die Sehenswürdigkeiten in Kaschans Altstadt sind leicht zu Fuß erreichbar, stressfreie erste Tage sichert zudem das große Angebot an charmanten Unterkünften und Touren in die Umgebung. Zu den immer beliebteren Ausflugszielen gehören die Dünen und der Salzsee der Maranjab-Wüste, eines Teilgebiets der großen Wüste Dasht-e Kavir. Wenn es die Zeit erlaubt, sollte eine Tagestour in das hübsche Bergdorf Abyaneh Platz in der Reiseplanung finden. Weiter geht es per Bus, Zug oder Taxi nach Isfahan, in der Regel ein unverzichtbares Ziel während einer ersten Iranreise. Isfahans Naqsch-e Dschahan ist der zweitgrößte Platz der Welt und das unübertroffene Wahrzeichen Irans. Die Stadt bietet eine Fülle von Sehenswürdigkeiten, sodass man dort leicht mehrere Tage verbringen kann. Über die Landesmitte hinaus lassen sich von Isfahan aus Abstecher zu den Bachtiaren im Zagros-Gebirge oder in die Dünenlanschaft bei Varzaneh unternehmen.

Kulturhistorisches Erbe Persiens

Wieder leicht erreichbar mit Bus oder Zug ist eine nächste Perle des Landes – Schiras. Wer diese Strecke mit einem privaten Fahrer zurücklegt, kann während der langen Anfahrt der Stadt Abarkuh einen Kurzbesuch abstatten und Pasargadae besichtigen. Die Wüstenstadt Abarkuh begeistert mit ihrer Lehmarchitektur und einem traditionellen Eishaus zur Wasserspeicherung. In Pasargadae liefert das bedeutende Grab des Königs Kyros II. einen ersten Vorgeschmack auf die Kulturdenkmäler des alten Persiens. Wer auf Abarkuh verzichtet, kann noch am gleichen Tag den ehrwürdigen Boden der persischen Residenzstadt Persepolis betreten und die spektakulären Felsengräber von Naqsch-e Rostam bestaunen. Allerdings ist es auch ein Leichtes, von Schiras aus eine Tour zu diesen archäologischen Stätten zu organisieren. Dort bieten sämtliche Taxifahrer und Unterkünfte für einen solchen Ausflug ihre Dienste an.

Schiras selbst könnte man als das Zentrum der persischen Poesie bezeichnen. Die iranische Liebe zur Literatur wird für Reisende nirgends so deutlich wie in dieser Stadt, in der sich die Grabstätten der großen Poeten Saadi und Hafis zu Pilgerstätten entwickelt haben. Darüber hinaus bezaubern in Schiras unter anderem die schöne Nasir-ol-Molk-Moschee, traumhafte Gartenanlagen und der charmante Vakil-Basar. Wer sich für die religiöse Kultur Irans interessiert, kann auf der Rückreise zum Teheraner Imam-Khomeini-Flughafen noch einen Zwischenstopp in Qom einlegen. Das dortige Heiligtum der Fatimeh Masumeh ist die zweitheiligste schiitische Pilgerstätte des Landes. Wer länger in Teheran bleibt, kann den Besuch der heiligen Stadt auch als Tagesausflug in die Reiseplanung aufnehmen. Da Qom noch wesentlich näher am Flughafen liegt als Kaschan, können sich Reisende von hier auch direkt mit dem Taxi zum Flughafen fahren lassen.

Das prachtvolle Herz der safawidisch geprägten Stadt Isfahan ist zweifelsohne der riesige Platz Naqsch-e Dschahan mit der Lotfollah-Moschee und den prächtigen Minaretten der Königsmoschee.

SCHMUCKES AMBIENTE

Eine außergewöhnliche Nacht lässt sich im Abbasi Hotel in Isfahan verbringen. Die Karawanserei aus dem 17. Jahrhundert wurde zu einer stilvollen Unterkunft umfunktioniert. Eine wahre Augenweide ist auch das Saraye Ameriha Boutique Hotel in Kaschan in einem der ehemaligen bürger-lichen Kaufmannshäuser in der Altstadt. Ebenfalls in Kaschan findet sich das Hammam-e Khan, ein traditionelles Badehaus mitten im Basar, das heute als Teehaus genutzt wird.

WEITERE INFORMATIONEN

Abbasi Hotel: www.abbasihotel.ir/en
Saraye Ameriha Hotel:
http://en.sarayeameriha.com

Irans zweitheiligste Pilgerstätte (rechte Seite unten) ist für Muslime sogar nachts geöffnet (oben), aber auch Nicht-Muslime können das Heiligtum betreten.

1 Religiöses Zentrum – Qom

Das Grab einer Frau ist eine heilige Pilgerstätte

Die Millionenstadt Qom hütet mit dem Schrein der Fatimeh Masumeh die zweitheiligste schiitische Pilgerstätte des Iran und ist neben Maschhad das herausragende sakrale Zentrum des Landes. In der tiefreligiösen Stadt sind durchwegs alle Frauen mit Tschador unterwegs – doch dank der überproportionalen Dichte an Geistlichen tragen in Qom auch viele Männer wallende Kleider.

Auch wenn sich Qom schon im 8. Jahrhundert zu einem Zentrum des schiitischen Glaubens entwickelte, zur Pilgerstätte wurde es erst 816. In diesem Jahr wurde ein Grabmal für Fatimeh Masumeh errichtet. Die Schwester des achten Imam Reza erkrankte auf einer beschwerlichen Reise nach Tus zu ihrem Bruder und verstarb kurz darauf. Fatimeh Masumeh galt als gebildet und wird als Tochter des siebten Imam Muza al-Kazim als Imamzadeh, als Nachkomme eines Imams, zutiefst verehrt. Die Pilgerstätte wurde über Jahrhunderte hinweg ausgebaut, und mit der Zeit kamen zum Hauptheiligtum Fatimehs, das eine goldene Kuppel schmückt, weitere Mausoleen von anderen Imamzadehs. Wahre Kostbarkeiten verbergen sich heute in einem angeschlossenen Museum. Zu sehen sind dort vor allem prächtige Koranausgaben.

Zutritt für Nicht-Muslime

Abgesehen vom Innersten der Grabkammer können auch nicht-muslimische Reisende das Heiligtum besuchen. In Anbetracht der großen Tschadordichte in Qom wird das Kopftuch etwas strenger zurechtgerückt und die Arme werden komplett bedeckt. Spätestens, wenn das Wachpersonal an den unterschiedlichen Eingangsbereichen durchklingelt, um eine Englisch sprechende Begleitung herbeizuholen, wird ohnehin ein Leihtschador bereitgestellt. Vorhänge verdecken den Eingangsbereich für die Frauen, wo eine Iranerin mit breitem Lächeln gerne hilft, wenn es darum geht, den bunt gemusterten Stoff in Tschadorform zu bringen. Solche Leihtschadors gibt es in der Regel im Eingangsbereich sämtlicher Moscheen und sie sind keineswegs nur für westliche Touristinnen gedacht. Auch viele Iranerinnen haben ihren Tschador nicht immer griffbereit auf dem Rücksitz ihres Autos liegen. Eingehüllt in den Stoff steht nichts mehr im Weg, den Eingangsiwan mit seinen Spiegelmosaiken und die dahinter thronende goldene Kuppel zu bewundern.

Die bedeutendste theologische Ausbildungsstätte

Die heiligste schiitische Pilgerstätte befindet sich zwar in Maschhad, wo Fatimehs Bruder begraben liegt, die geistliche Elite des Landes wird jedoch in Qom ausgebildet. Die Mullahs, die hier so zahlreich durch die Straßen laufen, studieren Jahre oder auch Jahrzehnte, sofern sie den geistlichen Rang eines Ayatollahs erreichen wollen. Auch Imam Khomeini, der geistige Führer des Landes nach der Revolution, hat hier studiert und später auch gelehrt. So einheitlich die Masse an Geistlichen mit ihren Turbanen und Bärten für Außenstehende auch scheinen mag, so differenziert sind die Ansichten der unterschiedlichen theologischen Schulen und ihrer Anhänger. In Qom gibt es zudem einen überaus großen Studentinnenanteil an den theologischen Hochschulen. Yasmin, die als freiwillige Helferin durch das Heiligtum führt, sieht auch gar keinen Grund, warum das nicht so sein sollte. Fatimeh wird als gebildete Frau und Imamzadeh verehrt, völlig absurd also, dass Frauen nicht genau dieselben Bildungschancen haben sollten wie Männer. Yasmin betont ihre beruflichen Ambitionen, sie macht auch keinen Unterschied, ob sie nun mit einer Frau oder einem Mann spricht. In der zweitheiligsten Pilgerstätte des Landes macht sie keinerlei Anstalten, den Blick zu senken, wenn sie mit westlichen Touristen spricht – und das würde in dieser Situation auch niemand von ihr fordern. Yasmin ist sehr religiös, was nicht bedeutet, dass sie nicht auch emanzipiert sein kann, auch wenn das für westliche Reisende oft nicht zusammenpassen will.

DAS TIMCHE IM NEUEN BASAR

Neben dem Heiligtum bietet Qom noch andere Attraktionen, die einen Besuch lohnen. Zu nennen wären hier vor allem der Garten der drei Grabtürme und das Mausoleum des Shah Hamzeh. Vom Heiligtum der Fatimeh Masumeh führt der Weg vorbei an dem alten Basar in den neuen Basar, der im 19. Jahrhundert errichtet wurde und mit einem besonders schönem Timche aufwartet. Es lässt sich leicht entdecken, und falls man sich nicht zurechtfindet, helfen die Einheimischen wie immer gerne weiter. Das Timche, ein für iranische Basare charakteristischer Kuppelbau mit runden Fenstern und detailreichen Verzierungen, ist ein beeindruckendes Beispiel für diese für persische Basare typischen architektonischen Meisterwerke. Auch wenn seine Farben schlicht sind, so besticht es doch durch seine Größe und seine drei Kuppeln, durch die das Tageslicht strömt und den ganzen Raum erstrahlen lässt. Besonders elegant wirken die Muqarna-Felder, die sich an den Kuppeln entlang bis zu den Fenstern des zweiten Stockwerks ziehen.

WEITERE INFORMATIONEN

Das Heiligtum ist 24 Stunden geöffnet. Der Garten mit den Grabtürmen wird nur auf Anfrage geöffnet – wenn man das Glück hat, den Mann mit dem Schlüssel zu finden.

Der Prunk der Handelsstadt zeigt sich in bürgerlichen Anwesen wie dem Tabatabai-Haus (oben). Der prächtige neue Basar wurde samt Kuppelbau erst im 19. Jahrhundert errichtet (rechte Seite).

2 Eine orientalische Schönheit – Kaschan

Glanzvolle Geheimnisse einer Wüstenstadt

Nicht weit von Teheran entfernt lockt die kleine Stadt mit allem, was Träume aus Tausendundeiner Nacht versprechen: Ein wunderschöner Basar versetzt mit seinen reich verzierten Kuppelbauten ins Staunen, die herrschaftliche Agha-Bozorg-Moschee überragt das orientalische Gassengewirr und hinter schlichten Lehmfassaden verbergen sich prächtige bürgerliche Kaufmanns- und Badehäuser.

Auf dem Weg von Teheran nach Isfahan ist die Wüstenstadt Kaschan am Rand der Dasht-e Kavir gelegen. Das Flair der schönen Stadt beruht auf ihrem Reichtum an Architekturschätzen und auf ihrer langen Geschichte. Auf die einstige Bedeutung Kaschans verweist auch die Legende, der zufolge einst die Heiligen Drei Könige von Kaschan aus mit ihren Gaben nach Bethlehem aufbrachen.

Das pulsierende Herz von Kaschans Altstadt ist zweifelsohne der berühmte überdachte neue Basar, der zu den schönsten des Landes gehört. Sein Bau war notwendig geworden, als ein Erdbeben im 19. Jahrhundert große Teile des alten Basars zerstörte. Aus dem Schutt der Verwüstung ging damals ein neuer Marktkomplex hervor, der sich weitaus prächtiger als sein Vorgänger präsentierte. Wie jeder Basar in Iran besticht er zunächst durch sein breites und verlockendes Angebot, das von Gewürzen bis zu Textilien reicht. Nach einer ersten Orientierungsphase und mit Unterstützung der allzeit hilfsbereiten Einheimischen findet man ehemalige Karawansereien, heilige Schreine und Badehäuser. Die große Schönheit des Basars offenbart sich vor allem unter den hohen Kuppeln des Timche-ye Amin al-Dowleh, wenn durch die Öffnungen das Licht hereinströmt und die Farben des verzierten Stalaktitenreliefs erstrahlen lässt. Besonders abends tummeln sich die Einheimischen in den Marktgassen, um ihre Besorgungen zu machen.

یا ابا صالح

Die Agha-Bozorg-Moschee fügt sich nahtlos in die Altstadt aus Lehm ein (oben). Kaschans bürgerliche Tradition zeigt sich unter anderem im Badehaus Hamam-e Soltan Mir Ahmad (unten) und in den prächtigen Innenräumen des Tabatabai-Hauses (rechte Seite).

Zwischen Abzocke und Entspannung

Der mächtige Raum innerhalb des Basars lädt zum Verweilen ein. Für eine kleine Stärkung wäre hier eigentlich auch gleich gesorgt, denn direkt am schönsten Platz des Komplexes betreibt ein geschäftstüchtiger Iraner ein kleines Teehaus – und womit ließe sich orientalische Baukunst besser genießen als mit einem Tässchen Tee? Allerding ist dieses kleine Teehaus mittlerweile vor allem wegen der Preispolitik seines Besitzers nicht mehr zu empfehlen. Er hat die Preise aus einer Laune heraus für ausländische Reisende gleich vervielfacht. Außerdem werden sie nicht mehr angeschrieben oder vor dem Bestellen mitgeteilt. Auch Einheimische verurteilen diese neue Strategie mit einem verständnislosen Kopfschütteln und einem missbilligendem Zungenschnalzen. Eine lohnende Alternative bietet ein erst kürzlich eröffnetes Lokal im Obergeschoss der Nebenkuppel des Timches. Zu dem charmant geführten Lokal gelangt man über unscheinbare Stufen in dem darunter liegenden Torbogen. Vorbei an reizvollem Kunsthandwerk bieten schließlich die breiten Glasfronten einen wunderbaren Blick auf die Nebenkuppel und das Treiben im Erdgeschoss. Mit den traditionellen Teestuben hat das hier freilich nichts mehr zu tun, zu nobel ist die Lage, zu exklusiv präsentiert sich die Getränkekarte, die zu einem halben Liter Rosenlimonade noch persische Leckereien verspricht. Kaschans Basar zeigt sich hier mit Abstand von seiner modernsten Seite.

Die majestätische Agha-Bozorg-Moschee

Ein weiterer Höhepunkt ist die Agha-Bozorg-Moschee, die in unmittelbarer Nähe zu den zwei sehr beliebten Gästehäusern »Ehsan« und »Noghli« steht. Ihr Name bezieht sich auf ihren Stifter Hadji Mullah Mehdi Naraqi II., besser bekannt als Agha Bozorg, was ins Deutsche übersetzt so viel heißt wie »großer Mann«. Die makellose steinerne Schönheit ist schwer zu übersehen und überzeugt mit Schlichtheit, Symmetrie und der Harmonie ihrer Farben. Ihre ockerfarbene, unverzierte Kuppel steht im entschiedenen Gegensatz zu den für Iran so charakteristischen türkisfarbenen Kuppeln, dennoch ist sie für viele eine der schönsten Moscheen des Landes. An ornamentalem Schmuck fehlt es allerdings auch in der Agha-Bozorg-Moschee nicht. So findet man nicht nur an ihren zwei Minaretten, sondern auch an vielen anderen Bauelementen geometrisches Fliesendekor in zahlreichen Varianten.

Sobald man die Moschee durch einen offenen Kuppelraum betreten hat, fügt sich alles zu einem stimmigen Ganzen zusammen, von dem man kaum den bewundernden Blick lassen kann. Die Anlage kann auch abends besichtigt werden, wenn die Moschee stimmungsvoll beleuchtet wird. Im Untergeschoss des Komplexes liegt die dazugehörige Medresse, eine theologische Schule mit Wohn- und Unterrichtsräumlichkeiten.

Geheimnisvolle Schätze des bürgerlichen Kaschans

Die Agha-Bozorg-Moschee steht mitten in Kaschans orientalischer Altstadt zwischen vielen kleinen Lehmhäusern. Deren schlichte Fassaden strafen insbesondere im bürgerlichen Viertel die Ausstattung im Inneren Lügen. Betritt man diese Bürgerhäuser, entpuppen sie sich als wahre Schatzkästchen mit aufwändig verzierten Fassaden und Innenhöfen. Gegen Eintrittsgeld kann man die nicht weit voneinander entfernt gelegenen Häuser ehemals reicher Handelsleute bestaunen, deren Wohlstand vor allem der Teppichhandel erbrachte – die charakteristischen Teppichmuster sind weithin bekannt. Zu den Wohnpalästen qadjarischer Kaufmannsleute gehört auch das Tabatabai-Haus mit seinem großzügigen Innenhof.

Für Entspannung sorgte dagegen das bereits vor 400 Jahren errichtete Hamam-e Soltan Mir Ahmad, das ebenfalls besichtigt werden kann. Besonders beeindrucken die mit bunten Fliesen geschmückten verschiedenen Bereiche des Bades und der harmonische achteckige Hauptraum, in dem durch Kuppeln an der Decke Tageslicht hereinströmt. Die imposanten Ausmaße des alten Bades werden einem am besten bei einer Erkundungstour zwischen den Kuppeln auf dem Dach des großen Bades klar. Vom Dach des Hamam kann man auch das bekannte Türmchen des Borujerdi-Hauses sehen – doch sollte man sich mit dem Blick von außen nicht zufriedengeben, zu schön ist der direkt unter der Kuppel gelegene Innenraum, der den Einfluss der Händler unter Beweis stellt.

WÜSTENABSTECHER NACH MARANJAB

Nur rund 40 Kilometer von Kaschan entfernt befindet man sich bereits in Maranjab und damit am Rand der riesigen Salzwüste Dascht-e Kavir. Viele Reisende entscheiden sich für einen Halbtagesausflug, die Touranbieter sind in Kaschan kaum zu übersehen. Manche übernachten sogar in Maranjab; eine angenehme Unterkunft in der Wüste bietet die zu einem Hotel umfunktionierte Karawanserei. Ein Ausflug in die Dascht-e Kavir überzeugt vor allem wegen der hohen Sanddünen und dem riesigen Salzsee, die es hier zu sehen gibt. Nicht selten sichten Reisende auch Wüstenfüchse, vor allem dann, wenn sie sich ganz früh von Kaschan aus in die Wüste aufmachen, um bereits zum Sonnenaufgang die Landschaft zu bestaunen. Der Weg zur Karawanserei und zu den Dünen ist mit einem normalen PKW zu schaffen, auch wenn viele mit Geländewagen unterwegs sind.

WEITERE INFORMATIONEN

Eine beliebte Unterkunft, wo es sich auch schön zu Abend essen lässt, ist das Ehsan House: www.ehsanhouse.com

Das Bergdorf Abyaneh liegt in über 2500 Meter Höhe im Karkas-Gebirge.

3 Ein pittoreskes Bergdorf – Abyaneh

Hier wird noch Mittelpersisch gesprochen

Das abgeschiedene Bergdorf Abyaneh gehört schon länger zu den Orten, die der iranische Tourismus für sich entdeckt hat. Mit seinen alten Traditionen und den hübschen roten Lehmhäusern lockt es vermehrt auch westliche Reisende an.

Die roten Häuser Abyanehs schmiegen sich in 2500 Meter Höhe an einen Hang des Karkas-Gebirges. Das Bergdorf ist vor allem dafür bekannt, dass hier noch ein Dialekt des Mittelpersischen gesprochen wird, das im Mittelalter vom Neupersischen abgelöst wurde. In seinen engen Gassen trifft man immer wieder auf Frauen in traditioneller Tracht, zu der ein helles Kopftuch mit Rosendekor gehört. Auf einer Runde durch das Dorf entdeckt man einen ehemaligen Feuertempel der Zoroastrier und liebevoll verarbeitete Holztüren mit unterschiedlichen Türklopfern. Je nachdem, ob man den runden oder den eckigen Türknauf betätigt, ertönt ein anderer Klang. Auf diese Weise wird signalisiert, ob es sich um eine Besucherin oder einen Besucher handelt. Durch die Obstgärten hindurch geht es vorbei an kleinen Löchern in der Erde, die auf die unterirdischen Viehställe verweisen.

Picknick am Dorfrand

Abyaneh ist ein beliebtes touristisches Ziel für Iraner und Iranerinnen, trotzdem gibt es nur ein größeres Hotel am Ortsrand. Und wozu braucht man Hotels, wenn man wild campen kann? In Iran liebt man es zu campen, und so werden auch in Abyaneh kurzerhand Zelte aufgestellt. Auf einem großen steinernen Platz werden die Perserteppiche ausgerollt und die Kebabspieße vorbereitet – ein hervorragender Ort, um ins Gespräch zu kommen und mit den Kindern die eine oder andere Walnuss vom Baum zu schütteln.

INFO: www.inextenso.at/iran/unterkuenfte-in-bergdoerfern

Die Jame-Moschee umfasst auch ein Sufi-Kloster, von dem einzelne Reste noch heute zu sehen sind.

4 Islamische Baukunst – die Jame-Moschee

Eine Freitagsmoschee von besonderer Schönheit

Auf dem Weg nach Isfahan lohnt ein Zwischenstopp in Natanz wegen der schönen und vor allem gut erhaltenen Jame-Moschee aus dem 14. Jahrhundert. Kunst- und Kulturinteressierte sind hier auf jeden Fall richtig aufgehoben.

Natanz kennt man international bislang vor allem wegen seiner unterirdischen Atomanlage. Die Kleinstadt kann jedoch mit einer weiteren, unbekannteren Sehenswürdigkeit aufwarten: die Freitagsmoschee aus dem 14. Jahrhundert. Von dem Sufi-Kloster, das einst zu dem Komplex gehörte, ist heute nur noch das reich verzierte Portal mit seinen Schriftbändern und türkisfarbenen Fliesen zu bestaunen. Der Innenhof der Moschee besitzt vier Iwans und ist in Brauntönen gehalten, das mächtige Minarett ragt 37 Meter in die Höhe. Die Jame-Moschee ist ein wunderschönes Beispiel islamischer Baukunst, an das sich direkt das Mausoleum des Scheich abd al-Samad anschließt. Seine mit Stalaktiten verzierte Innenkuppel erscheint durch die vielen Nischen kreuzförmig, während von außen ein türkis verkleidetes Zeltdach zu sehen ist. Angeschlossen an den Komplex ist ein schön gepflegter Park.

Gut zu wissen

Alle Moscheen Irans sind auch Nicht-Muslimen zugänglich. Je nachdem, ob sie als Museum oder als reines Gotteshaus dienen, muss man Eintrittsgeld zahlen – oder eben nicht. Die Jame-Moschee ist nur einen Katzensprung von Abyaneh entfernt und mit dem Taxi leicht zu erreichen. Darüber hinaus fahren Busse von Kaschan und Isfahan nach Natanz, wobei allerdings Busse in größeren Städten freitags schwer zu finden sind. Die Preise für Benzin sind jedoch in Iran so günstig, dass auch ein Ausflug mit dem Taxi von Kaschan über Abyaneh weiter nach Natanz und Isfahan durchaus bezahlbar ist.

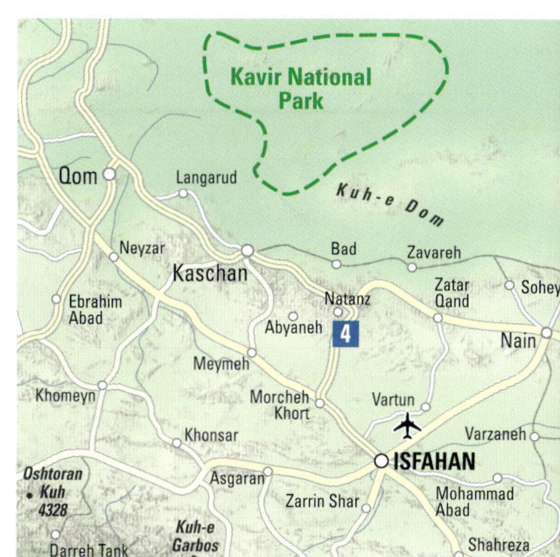

Heute sind auf dem Meidan keine Autos mehr erlaubt und nur noch Pferdekutschen unterwegs (oben). Shah Abbas ließ in den Arkaden des Platzes die Königsmoschee (rechte Seite oben) und die Lotfollah-Moschee (Innenkuppel rechte Seite unten) integrieren.

5 Abbild der Welt – der Meidan-e Naqsch-e Dschahan

Auf dem zweitgrößten Platz der Welt

Ein persisches Sprichwort besagt, dass Isfahan die halbe Welt sei. Der Meidan-e Naqsch-e Dschahan, der orientalische Pracht mit iranischer Herzlichkeit verbindet, stellt dies unter Beweis. Er ist der schönste Dreh- und Angelpunkt der Stadt, nach dem Platz des Himmlischen Friedens in Peking der größte Platz der Welt und eine UNESCO-Welterbestätte.

Offiziell heißt der Platz, der unter Shah Abbas I. im frühen 17. Jahrhundert angelegt wurde, Meidan-e Imam, der »Platz des Imams«. Bei den Einheimischen hat sich der Name jedoch bis heute nicht durchgesetzt. Für sie bleibt er der Meidan-e Naqsch-e Dschahan: das »Abbild der Welt«. Seitdem vor einigen Jahren glücklicherweise alle Autos vom Platz verbannt wurden, sind die einzigen Gefährte, auf die man jetzt trifft, die zahlreichen Pferdekutschen, die den Platz umrunden. Wenn man Einheimische kennenlernen möchte, ist der Meidan-e Naqsch-e Dschahan eine naheliegende Anlaufstelle. Dabei darf man sich nicht täuschen lassen, wenn die Fläche an heißen Sommertagen menschenleer ist. Sobald die glühend heiße Sonne untergegangen ist, finden sich nicht mehr nur bereitwillig schwitzende Reisende auf dem Meidan-e Naqsch-e Dschahan ein, sondern drängen sich dort auch plötzlich zahllose Stadtbewohner. Hier treffen sich Jung und Alt und füllen den prunkvoll umbauten Platz mit Leben.

Der Meidan-e Naqsch-e Dschahan unterscheidet sich wohltuend von anderen imperialen Plätzen. Sind diese häufig gepflegt, aber menschenleer, wird er von den Menschen Isfahans wirklich angenommen und genutzt. Hier wird gegessen, gelacht, gespielt – nicht zuletzt deswegen ist er einer der schönsten Plätze der Welt. Die Menschen werden nicht von den Grünflächen vertrieben, um den Rasen zu schonen. Sie sind mit ihren ausgerollten Perserteppichen und dem mitgebrachten Essen

Die Farbe Ocker zeigt, dass die Lotfollah-Moschee für die Frauen des Shahs gedacht war (oben). Heute ist der Platz ein beliebter Treffpunkt für Jung und Alt (unten). Der Ali-Qapu-Palast ist für sein Musikzimmer bekannt (rechte Seite).

Teil des Meidan-e Naqsch-e Dschahan und bilden so tatsächlich viel besser die Welt ab, als dies einem penibel sauber gehaltenen Platz gelingen könnte. Und die »halbe Welt« zeigt sich von einer ihrer besten Seiten, wenn man auch zu den Picknicks aufgenommen wird, als gehörte man selbst zur Familie. Hier kommt man unweigerlich ins Gespräch mit den Einheimischen und lernt den Iran erst richtig kennen. Manchmal ist es gut, ein klein wenig Farsi parat zu haben. Wenn auch die große Mehrheit der jungen Iranerinnen und Iraner sehr gut Englisch spricht, kommt man zwangsläufig auch immer wieder an den Punkt, wo Farsi-Sprachkenntnisse eine nette Unterhaltung über Familie, Interessen und Beruf wesentlich erleichtern. Auf Kommunikation muss aber auch dann nicht verzichtet werden, wenn die verbindende Sprache zu fehlen scheint. Der Herzlichkeit der Begegnung tut ein enthusiastischer Versuch, sich mit Händen, Füßen und Wortfetzen zu unterhalten, keinen Abbruch. Gerne werden auch schon einmal andere Einheimische hinzugeholt, die man zwar nicht kennt, die jedoch Englisch sprechen und beim Übersetzen helfen können.

Die Scheich-Lotfollah-Moschee

Die Scheich-Lotfollah-Moschee dominiert das Architekturensemble an der östlichen Längsseite des Platzes. Trotzdem sie als ehemalige Privatmoschee des Schahs kein Minarett besitzt und auch keinen großen Innenhof aufweist, gilt sie als eine der schönsten Moscheen des Iran. Vom Eingangs-Iwan führt ein verwinkelter Gang in den Gebetsraum, der nach Mekka ausgerichtet ist. Dort, unter der mächtigen Kuppel, überwältigt einen die ganze Schönheit der persischen Baukunst. In dem prachtvollen Bauwerk ergeben die fantastischen Fliesenmosaiken in ihrer detailreichen Vielfalt ein harmonisches Gesamtkunstwerk. Auf den ersten Blick scheint es, als ob hier wie in vielen anderen Moscheenkuppeln in Iran die Farbe Blau dominiert – tatsächlich ist jedoch die Grundfarbe der Scheich-Lotfallah-Moschee Ocker. Diese Farbe war traditionell den Frauen vorbehalten und wurde deshalb gewählt, weil vor allem die Frauen der Shah-Familie die Moschee besuchten.

Masdjid-e Imam

Im Gegensatz zur Scheich-Lotfollah-Moschee zieren die Imam- oder Königsmoschee gleich vier Minarette. Die königliche Moschee Abbas' I.

wurde nach 19-jährigen Bauarbeiten erst ein Jahr nach dem Tod des Shahs fertig-gestellt. Schon das parallel zum Platz gebaute Hauptportal mit den über 40 Meter hohen Minaretten ist gewaltig. Dahinter steht die eigentliche Moschee im 45-Grad-Winkel versetzt, um die südliche Ausrichtung nach Mekka zu garantieren. Sobald man das Areal der großzügig gestalteten Moschee betritt, sieht man, wie sich die äußere Pracht im Inneren fortsetzt. Beeindruckende 48 Meter ragen die Iwane der zentralen Gebetshalle mit der Gebetsnische auf, die von einer 52 Meter hohen türkisfarbenen Hauptkuppel mit weißen und gelben Flechtmustern überwölbt wird. Zur Anlage der Moschee gehören zudem Medressen sowie die Wohn- und Studienräume dieser theologischen Schulen.

Ali-Qapu-Palast

Neben der privaten Scheich-Lotfallah-Moschee Shahs Abbas I. und der Königsmoschee lohnt der Palast des Shahs als Dritter im Bunde einen Besuch. Das Bauwerk mit der weitläufigen Veranda steht gegenüber der Scheich-Lotfollah-Moschee. Von der Veranda mit dem kunstvoll verzierten Holzdach, das von 18 Säulen getragen wird, hat man einen herrlichen Blick auf den Meidan-e Naqsch-e Dschahan und die Königsmoschee. Hier hielt sich der Shah auf, wenn er als Zuschauer an den Veranstaltungen auf dem Platz teilnehmen wollte. Dazu gehörten auch die in safawidischer Zeit beliebten Polo-Spiele.
Über die vielen Stufen eines gewundenen Treppenaufgangs erreicht man schließlich im fünften Stock ein fantastisches Highlight des Palasts: das sogenannte Musikzimmer. Seinen Namen erhielt der Raum dank seiner guten Akustik, die sich durch seine Gipsnischen und die früher hier untergebrachten Gefäße ergab. Im Musikzimmer konnten nur kleinere Empfänge abgehalten werden, die größeren fanden im darunterliegenden Thronraum statt. Wie so oft im Iran begeistern auch im Ali-Qapu-Palast die Wandmalereien. Neben den üblichen floralen Mustern sind auch Vögel, Sträucher und Bäume zu entdecken.

KUNSTHANDWERK

Isfahan ist bekannt für sein Kunsthandwerk, das hier entsprechend gepflegt wird. So sind in den Arkaden, die den gesamten Meidan-e Naqsch-e Dschahan säumen, zahlreiche Keramik-, Teppich- und Schmuckläden untergebracht. In diesem dekorativen äußeren Abschnitt des großen Basars lassen sich die schönsten Souvenirs finden – ganz im Gegensatz zu Teheran, wo die Auswahl eher enttäuschend ist. In einigen Läden kann man zusehen, wie liebevoll verzierte Keramikteller und Vasen bemalt werden. Sie sind vorwiegend in Blau gehalten und spiegeln in ihren Mustern die Pracht der Bauten am Meidan-e Naqsch-e Dschahan wider. Wer bereit ist, tief in die Tasche zu greifen, ist in Isfahan genau richtig, um sich aus dem breiten Angebot einen schönen Perserteppich auszusuchen oder auch Gold- und Silberschmuck zu erwerben. Die dazugehörigen Werkstätten sind zudem nicht weit entfernt von den Läden gelegen.

WEITERE INFORMATIONEN

Scheich-Lotfollah-Moschee: 9–12.30 Uhr und 15–18.30 Uhr im Sommer, 9–16 Uhr im Winter
Masdjid-e Imam: Sa–Do 9–11.30 Uhr und 13–16.30 Uhr, Fr 13–16.30 Uhr
Ali-Qapu-Palast: 9–12.30 Uhr und 15–18.30 Uhr im Sommer, 9–16 Uhr im Winter

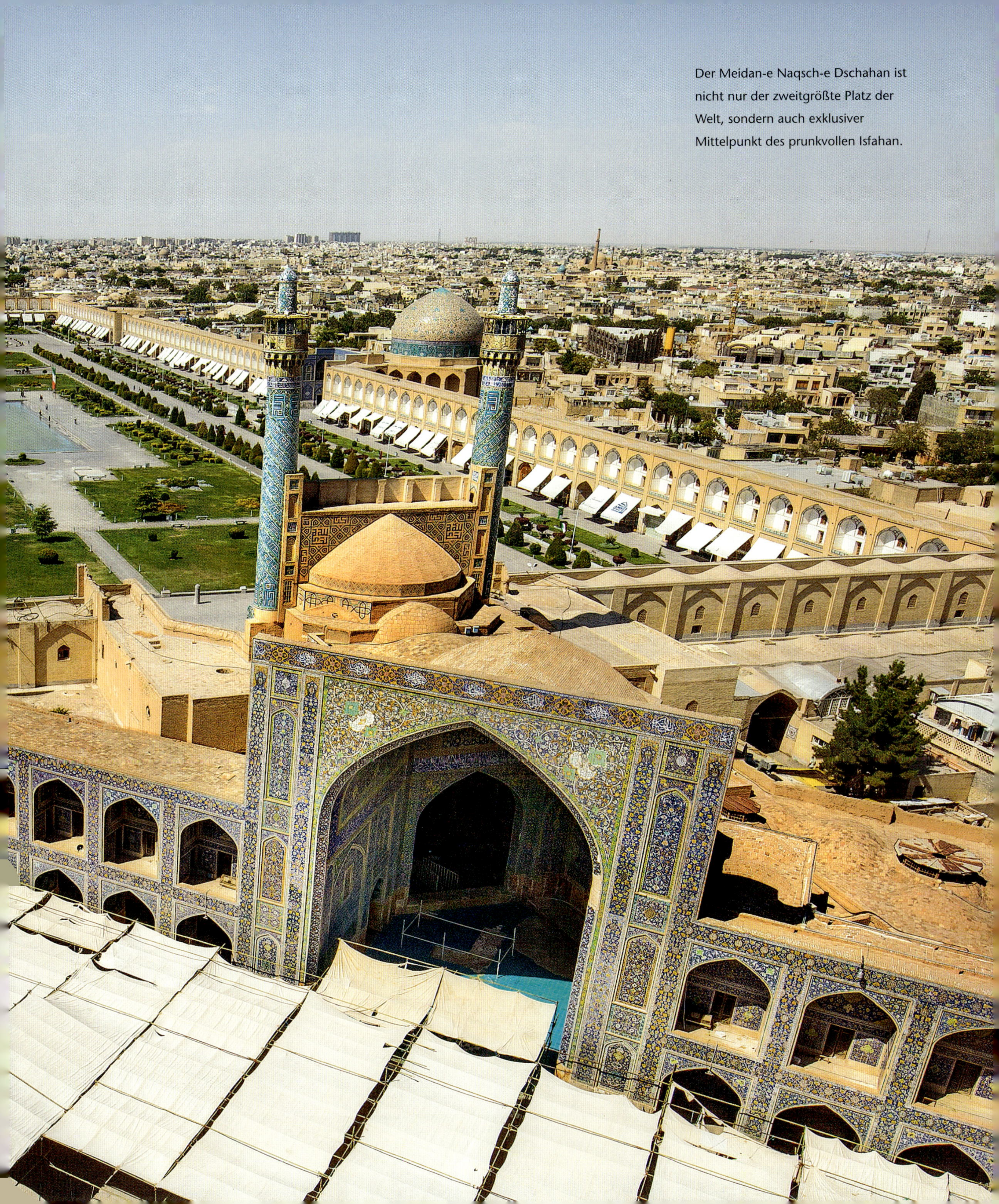

Der Meidan-e Naqsch-e Dschahan ist nicht nur der zweitgrößte Platz der Welt, sondern auch exklusiver Mittelpunkt des prunkvollen Isfahan.

An der Freitagsmoschee haben sich etliche historische Epochen verewigt (oben). An den Seiten des prunkvollen Palasts Chehel Sotun wurden große Schlachten und Empfänge festgehalten (rechte Seite).

6 Die Reiche, die Schöne, die Moderne – Isfahan

Auf Schatzsuche in der Großstadt

Der Meidan-e Naqsch-e Dschahan ist bei weitem nicht die einzige Kostbarkeit, die Isfahan zu bieten hat. Die ehemalige safawidische Hauptstadt ist mit ihren Palästen, Gärten und vielen anderen Schätzen prunkvoller Mittelpunkt des Landes. Das Stadtviertel Dscholfa, der Chehel-Sotun-Palast, die imposante Freitagsmoschee und viele andere Bauwerke machen es einem schwer, von dieser Stadt wieder loszulassen.

Unter safawidischer Herrschaft erlebte Isfahan zwischen dem 16. und 18. Jahrhundert eine besondere Blüte. Aus dieser Periode stammten viele der prunkvollen Bauwerke, die die Stadt so sehenswert machen. Dazu gehören auch die altehrwürdigen Brücken über den Fluss Zayandehrud – beispielsweise die Si-o-se Pol (33-Bogen-Brücke), deren zweistöckige Arkaden denen gleichen, die den Meidan-e Naqsch-e Dschahan umgeben. Aufgrund des zunehmenden Wassermangels ist vom Fluss selber allerdings einen großen Teil des Jahres keine Spur zu sehen. Besonders im Sommer stehen die Ausflugsboote im Trockenen und wirken die Verbotsschilder mit der Aufschrift »No Swimming« skurril. Ein Spaziergang am Uferpark führt zur nächsten Brücke: Die schöne Pol-e Khaju zieren Pavillons an beiden Enden und in der Mitte.

Vom Nachtigallen-Park zum Palast der 40 Säulen

In Isfahan kann man in etlichen Gärten und Parks die Zeit angenehm verbringen. Viele dieser Anlagen stammen aus safawidischer Zeit, so auch der Nachtigallen-Park, in dessen Mitte der Pavillon Kakh-e Hasht Behest steht. Die zentrale Kuppel des Pavillons bietet ein prächtiges Farbenspiel.
Nur einen Katzensprung vom Nachtigallen-Park entfernt führt ein Spaziergang durch einen paradiesisch anmutenden Garten zum Palast

Nur für kurze Zeit im Jahr führt der Zayandehrud Wasser (oben). Die Vank-Kathedrale repräsentiert die christliche Geschichte in Isfahan (rechte Seite).

Chehel Sotun. Er wird auch Vierzig-Säulen-Palast genannt, weil sich die 20 Säulen seiner Veranda in dem davor liegenden langen, rechteckigen Wasserbecken spiegeln. Der Chehel Sotun und der ihn umgebende Garten gehörten in safawidischer Zeit zu der Palastanlage, die sich bis zum Meidan-e Naqsch-e Dschahan erstreckte. Heute ist er ein beliebtes Ausflugsziel für Iranerinnen und Iraner, die gern ein paar schöne Stunden verbringen.
Die aufwendigen Fresken in der großen, glanzvollen Empfangshalle des Chehel Sotun stammen aus dem 17. und 18. Jahrhundert und versetzen mit ihrem imperialen Prunk in Staunen. Beeindruckend sind vor allem die großen Wandbilder, die Schlachten und Empfänge des Königs zeigen. Auf kleineren Bildern sind Szenen zu sehen, die sich in dem paradiesischen Garten abspielen. Auch die kleinen Nebenräume sind mit Wandgemälden ausgestattet.

Vom Großen Basar zur Freitagsmoschee

Die Basare Irans sind nicht nur sehenswert, sondern auch riesig. Ein Eingang zum Großen Basar in Isfahan lässt sich mit dem Portal am Meidan-e Naqsch-e Dschahan gegenüber der Königsmoschee noch leicht finden, aber dann beginnt die große Verwirrung. Die Ausmaße des Basars sind kaum zu fassen, immerhin reicht er bis zur Freitagsmoschee, die 1,5 Kilometer vom Meidan-e Naqsch-e Dschahan entfernt ist. Besonders reizvoll ist es, der Hauptader des Basars zu entfliehen und sich auf Entdeckungstouren in die kleinen Seitengassen zu begeben. Von traditionellen Imbissbuden mit hervorragenden vegetarischen Sandwichs bis zu kleinen Innenhöfen gibt es viel zu entdecken.
In iranischen Basaren erledigen auch die Einheimischen ihre gesamten Einkäufe, weshalb in den Marktkomplexen nicht nur Läden mit Kunsthandwerk zu finden sind. Tatsächlich gibt es dort auch weniger dekorative Gänge, in denen beispielsweise Haushaltsgeräte verkauft werden. Nicht weit vom Portal am Meidan-e Naqsch-e Dschahan entfernt lohnt der Besuch des mit Läden bestückten Basarteils Malek Timche – die Timche sind die Schmuckkästchen der iranischen Basare. Ihre Farben und Formen sind so unterschiedlich, dass man nicht müde wird, sie zu bestaunen.
Anschließend lockt ein Besuch der Freitagsmoschee, die zu den zahlreichen UNESCO-Welterbestätten des Landes gehört und eine Zeitreise durch die iranische Baugeschichte vom 8. bis

in das 18. Jahrhundert bietet. Auch wenn die Moschee einem Brand zum Opfer fiel, lassen sich hier seldschukische, sassanidische und safawidische Bauelemente entdecken.

Christliches Erbe und modernes Leben

Auf die safawidische Herrschaft in Isfahan geht auch der Stadtteil Dscholfa zurück. Das Viertel heißt nach einer Ortschaft an der heutigen Grenze Irans zu Aserbaidschan, aus der unter den Safawiden armenische Kunsthandwerker nach Isfahan geholt wurden. Die frisch zugezogenen Armenier und Armenierinnen waren zunächst sehr arm, kamen aber bald zu Wohlstand, indem sie Wein produzierten und die ganze Stadt damit versorgten. Damals trank auch die muslimische Bevölkerung Wein – für ihre Weinproduktion ist übrigens auch die iranische Stadt Shiras berühmt.

Heute ist Dscholfa einer der reichsten Stadtteile Isfahans, was man bei einem Spaziergang durch die Gassen auch leicht erkennen kann. Hier deckt sich die moderne Iranerin mit der neuesten Mode ein. Längere Mäntel und Westen sorgen dafür, dass bei aller Liebe für schicke Kleidung dennoch die geltenden Kleidungsvorschriften eingehalten werden. Richtig lebendig wird Dscholfa, wenn die Nacht anbricht und Isfahans Jugend sich hier beim Ausgehen trifft. Wer das nötige Kleingeld besitzt, zieht meist in das angesagte Viertel, in dem alles noch ein wenig reicher und schmucker wirkt als in den anderen Teilen der Stadt. Isfahan zeigt sich hier von seiner modernsten Seite.

Für Reisende interessant sind aber wohl vor allem die christlichen Kirchen des armenischen Stadtviertels. Die freie Glaubensausübung anderer Religionen und die Sonderrechte für christliche Gemeinden stehen nicht im Widerspruch zur islamischen Republik Iran. Allerdings herrscht keine Religionsfreiheit, denn es ist nicht möglich, vom Islam in eine andere Religion zu konvertieren. Wie viele andere Bauwerke in Isfahan wurde auch die Vank-Kathedrale unter Shah Abbas I. errichtet. Von außen erinnert ihre Architektur stark an ein islamisches Bauwerk, ganz klassisch christlich-apostolisch sind die Innenwände gestaltet. Sie zieren Fresken mit Szenen aus dem Alten und Neuen Testament. Zu dem Areal gehört auch ein Museum zur Geschichte und Entwicklung des armenischen Viertels.

CAFÉS UND RESTAURANTS

Einen besonderen Einblick in das moderne intellektuelle Leben Isfahans bieten auch die Cafés der Stadt. Einheimische entführen gerne in den einen oder anderen Geheimtipp. Und ehe man sich versieht, sitzt man vor einem Regal mit Werken von Rilke und dem persischen Dichter Hafis, findet auf dem Tisch ein Bild von Wolfgang Amadeus Mozart oder auf einer Tafel täglich ein anderes Stück Poesie der großen Dichter des Landes geschrieben. In Dscholfa finden sich nicht nur angesagte Cafés, sondern auch hervorragende Restaurants, in denen man die persische Küche kennen und lieben lernt. Besonders zu empfehlen ist das »Arca Restaurant«. Mit seinen kulinarischen Genüssen findet es bereits großen Anklang bei den Einheimischen, obwohl es erst vor nicht allzu langer Zeit eröffnet wurde.
Das allzeit beliebte Kashke Bademjan, ein Auberginenpüree, wird in den höchsten Tönen gelobt.

WEITERE INFORMATIONEN

Chehel Sotun: 9–12.30 Uhr und 15–18.30 Uhr im Sommer, 9–16 Uhr im Winter
Freitagsmoschee: 9–11 Uhr und 13.30–16.30 Uhr
Vank-Kathedrale: Mo–Fr 9–17 Uhr

Aus ganz Iran kommen Menschen zum Grabmal des Poeten Hafis (oben) und zur Pilgerstätte Seyed-Aladin-Hoseyn (rechte Seite oben). Im Basar kann man sich vom persischen Kunsthandwerk überzeugen (rechte Seite unten).

7 Die etwas andere Pilgerstätte – Schiras

Wo die Poesie zu Hause ist

In Schiras liegen nicht nur die großen persischen Dichter Hafis und Saadi begraben, sondern erlebt man auch die Liebe der Iraner zur Poesie. Neben den reich verzierten Grabanlagen hat die Stadt aber noch weitaus mehr zu bieten, so die Nasir-ol-Molk-Moschee mit ihrem prächtigen Farbenspiel oder das beeindruckende Shah-Cheragh-Heiligtum mit seiner charakteristischen knospenförmigen Kuppel.

Wer die Seele Irans verstehen will, kommt nicht umhin, sich mit den großen Dichtern des Landes auseinanderzusetzen. Das an Kunst und Kultur so reiche Land verzaubert mit seiner Literatur, die für die iranische Identität eine wichtige Rolle spielt. Dies gilt auch für die jüngere Generation – in keinem anderen Land scheinen so viele junge Menschen Literatur und vor allem Lyrik so zu lieben. Im Iran ist es nicht ungewöhnlich, persönliche Gedichtbände zu verfassen. Und wer sich nicht selbst an Lyrik versucht, rezitiert schon einmal ein Gedicht von Hafis, Saadi oder den vielen anderen Dichtern des Landes.

In Schiras erlebt und spürt man die geballte Kraft der Poesie, wenn man gemeinsam mit Iranern, die aus dem ganzen Land anreisen, die Grabanlagen von Saadi und Hafis besucht. Aber auch Schirasis zieht es immer wieder zu den Grabstätten, wenn sie in der kurzen Zeit, die sie dort verweilen, die Welt um sich vergessen und bei ihren literarischen Schutzpatronen Trost finden möchten. Der Poet Hafis wurde im 14. Jahrhundert in Schiras geboren und schrieb berühmte Liebesgedichte. Jahr für Jahr lockt sein Vermächtnis junge Menschen nach Schiras, die hier ihre Hochzeitsreise verbringen. Seine Literatur wirkte aber weit über die Grenzen des Landes hinaus, auch wenn heute viele in Europa mit persischer Literatur nichts anzufangen wissen. Als Hafis' *Diwan* im 18. Jahrhundert ins Deutsche übersetzt wurde,

Die Nasir-ol-Molk-Moschee ist für ihr morgendliches Farbenspiel berühmt (oben). Den Mustern in den Innenräumen (unten) und an den Außenfassaden verdankt sie ihren Beinamen »Rosenmoschee« (rechte Seite).

ließ sich Johann Wolfgang von Goethe davon zu seiner Gedichtsammlung *Der west-östliche Diwan* inspirieren. Der deutsche Dichter war ein großer Bewunderer von Hafis' Lyrik, die, wie das folgende Rubaijat (vierzeiliges Gedicht) aus *Der Diwan*, auch heutige Leser zutiefst berührt: *»Du, vor dem die keusche Knospe sich erröthend neigt, Und die trunkene Narcisse Scham und Staunen zeigt! Kann mit dir doch selbst die Rose sich vergleichen nicht, Denn sie borget von dem Monde, er von dir das Licht.«*
(Übersetzung von Vincenz Ritter von Rosenzweig-Schwannau, 1864, Band 3)

Nach wie vor zutiefst verehrt wird auch der große Dichter Saadi, der im 13. Jahrhundert in Schiras geboren wurde. Seine Lyrik- und Prosawerke setzen sich mit wichtigen Fragen des Lebens auseinander, beschäftigen sich mit Themen wie Toleranz und Gerechtigkeit. Bekannt sind vor allem seine Werke *Bustan* (Obstgarten) und *Golestan* (Rosengarten). Saadis humanistisches Weltbild geht deutlich aus seinen Werken hervor. Im UNO-Hauptquartier in New York befand sich lange Zeit ein Teppich mit folgendem Gedicht aus seiner Feder:
»Die Kinder Adams sind aus einem Stoff gemacht, als Glieder eines Leibs von Gott, dem Herrn, erdacht.
Sobald ein Leid geschieht nur einem dieser Glieder, dann klingt sein Schmerz sogleich in ihnen allen wider.
Ein Mensch, den nicht die Not der Menschenbrüder rührt, verdient nicht, dass er noch des Menschen Namen führt.«

Muslimische Heiligtümer

Schiras wartet aber auch mit religiösen Pilgerstätten wie dem Shah-Cheragh-Mausoleum auf, in dem der Bruder von Imam Reza begraben liegt. Die Grabstätte mit dem vorgelagerten offenen Pavillon ist ein besonders schönes Beispiel für ein schiitisches Heiligtum, und ihre knospenförmige Kuppel typisch für die Bauweise in Schiras. Kameras dürfen in das Innere der Anlage nicht mitgenommen werden, Besucher werden deshalb an den zwei Eingängen für Männer und Frauen streng kontrolliert.
Am Seyed-Aladin-Hoseyn-Mausoleum sind die Bestimmungen nicht ganz so strikt: Dort darf man im äußeren Bereich die Kamera mitnehmen, nur im Innersten des Heiligtums ist Fotografieren nicht gestattet. Bisweilen winken freiwillige Helfer Besucher in das Bauwerk hinein

und geben eine Führung durch die ehrwürdigen Räumlichkeiten. Ihr strahlendes Lächeln lässt einen die letzte Unsicherheit beim Betreten vergessen. In Nullkommanichts ist der Leihtschador umgeworfen, um die glitzernde Pracht der vielen Spiegelmosaike zu bestaunen. Eine Hälfte des Heiligtums bleibt den Frauen vorbehalten, die andere den Männern. Die Wände beider Hälften erstrahlen in den Farben Grün und Weiß. Im hinteren Teil der Anlage befindet sich ein Friedhof, dessen viele Steinplatten verraten, dass sich hier gut betuchte Gläubige ihre letzte Ruhestätte kaufen.

Entspannen in den Gärten

Der Bagh-e Narendjestan und Bagh-e-Eram sind sehenswerte Beispiele der langen Gartenkultur des Landes. Der Bagh-e Narendjestan, der »Garten der Orangenbäume«, wurde vom einstigen Bürgermeister Ali Mohammad Qavam im 19. Jahrhundert angelegt und das Gebäude als Verwaltungssitz genutzt. Im 20. Jahrhundert durften der amerikanische Forscher Arthur Upham Pope und seine Frau in diesem Garten wohnen.

Ein kleiner dreistöckiger Palast mit großzügigem Wasserbecken findet sich auch im Bagh-e-Eram – sowie Orangenbäume, Palmen und allerlei sonstige Pflanzen. Die Pflanzen sind alle mit Schildern versehen, weil die Parkanlage auch als botanischer Garten der Universität von Schiras dient. In der hektischen Innenstadt bietet der Aufenthalt in einer der weitläufigen Parkanlagen willkommene Ruhe und Entspannung.

Die Nasr-ol-Molk-Moschee

Die Nasr-ol-Molk-Moschee wurde erst 1876 errichtet und unterscheidet sich deswegen in ihrem Baustil grundlegend von anderen Moscheen der Stadt. Auch wenn sie nicht die für Schiras charakteristischen Knospenkuppeln besitzt, so ist sie dennoch ein traumhaft schönes Bauwerk. Für Begeisterung sorgt vor allem der Gebetsraum, der morgens in allen Farben erstrahlt, wenn die Sonne durch die Buntglasfenster scheint – wenn irgend möglich, sollte man deshalb seinen Besuch in die frühen Stunden des Tages legen. Auffallend sind auch die rosafarbenen Elemente und die in anderen Moscheen nicht vorkommenden floralen Muster, weswegen das Gotteshaus auch »Rosenmoschee« heißt. Eine Besonderheit für eine iranische Moschee sind zudem die zwei kleinen Pavillons auf dem Dach, deren Architektur vom indischen Mogulstil beeinflusst ist.

LECKEREIEN UND ANDERE SCHÄTZE

Leckere Eiscreme ist eine Spezialität von Schiras. Sie bekommt man zum Beispiel gegenüber der Karim-Khan-Festung, am besten hält man dort einfach Ausschau nach einer langen Menschenschlange. Nicht weit entfernt von der Festung entfernt lohnt ein Abstecher in den Wakil-Basar, in dem Gewürze und getrocknete Blüten ein Feuerwerk an Gerüchen und Düften entfachen. Wie in Isfahan findet man dort zudem besonders schönes Kunsthandwerk sowie edle Schachbretter in den herrlichsten Ausführungen – kein Wunder, schließlich stammt das königliche Spiel aus Persien. Sein Name leitet sich vom persischen »Shah« – König – ab. Natürlich ist im Basar Handeln angesagt, Anschauungsunterricht bieten die stets eifrig feilschenden Schirasis in Mimik und Gestik Nach erfolgreich abgeschlossenem Geschäft warten im traditionellen Teehaus persische Leckereien und Tee zum Ausklang des Tages.

WEITERE INFORMATIONEN

Saadis Werke zum Nachlesen: www.gutenberg.spiegel.de/autor/musliheddin-sadi-1106

***Der Diwan* von Hafis:** www.deutsche-liebeslyrik.de/hafis_rs/hafis_rs.htm

Im Paradies – persische Gärten

Ein Platz für Könige

Betörende Düfte, plätscherndes Wasser, Schatten spendende Bäume – kein Wunder, dass in einem trockenem Land wie Iran der Garten zum Synonym für das Paradies geworden ist. Die persische Gartenkunst besitzt eine jahrtausendealte Geschichte und zählt zu den bedeutendsten Kulturgütern des Landes.

In vielen Städten sind außerordentlich schöne persischen Gärten öffentlich zugänglich, so der Bagh-e Eram in Schiras (oben), der Doulat Abad in Yazd (unten) und der Schahzadeh bei Mahan (rechts oben). Das Paradies als Garten ist auch ein Motiv zahlreicher Malereien (rechts unten).

Nichts kontrastiert mit einer öden Wüstenlandschaft mehr als ein immerwährend bewässerter und in voller Blüte stehender Garten. Persische Gärten wurden für gewöhnlich an sanften Hängen angelegt, sodass in den leicht abschüssigen Kanälen das Wasser zum Fließen kam. Das kühle Nass und die üppige Vegetation – meist Zypressen, Orangen-, aber auch Nadelbäume in gepflegter Anordnung – sorgten für Erholung an heißen und trockenen Tagen. Könige, die sich diesen Traum erfüllen konnten, zogen sich in ihre Gärten zurück, um zu musizieren oder die lyrischen Werke großer Poeten zu verinnerlichen. Der geometrisch angelegte, wasserreiche, blühende Garten gilt als Erfindung des antiken Persiens, und tatsächlich reicht die Geschichte der persischen Gartenkunst über 2500 Jahre bis zu den Achämeniden zurück. Der Überlieferung zufolge ließen die großen Könige in ihrem gesamten Reich Lustgärten anlegen, die ihnen als Rückzugsorte auf ihren Reisen dienten. Gärten besaßen auch unter den vom 3. bis 7. Jahrhundert n. Chr. herrschenden Sasaniden große Bedeutung und wurden in ihrer Erweiterung für die königliche Jagd genutzt. Eine weitere Blüte erlebte die Gartenkunst unter den Safawiden vom 16. bis 18. Jahrhundert, was allein die vielen Gärten in Isfahan eindrücklich unter Beweis stellen. Vom höfischen Leben in den Königsgärten erzählen zahlreiche Miniatur-

malereien, deren Fokus häufig auf der Ausgelassenheit und den Vergnügungen innerhalb des privaten, durch Mauern von der Öffentlichkeit strikt abgetrennten Raums liegt.

Die persische Gartenkunst ist jedoch nicht nur für die Region, sondern auch international von kulturhistorischer Bedeutung. So soll der Garten des Königs Kyros II., der im 6. Jahrhundert v. Chr. regierte, den prächtigen indischen Mogul-Gärten des viergeteilten Tschahar-Bagh-Typus als Vorbild gedient haben. Persische Anlagen beeinflussten auch die Gartenkünstler der europäischen Renaissance.

Das Paradies auf Erden

Vom altiranischen »pairidaeza« über das mittelpersische »pardes«, das in der hellenistischen Überlieferung schließlich zu »paradeisos« wurde: Der Ursprung des Wortes »Paradies« liegt in der iranischen Antike, und tatsächlich ist das Paradies in der persischen Vorstellung nichts anderes als der schönste aller denkbaren Gärten. Warum sich also nicht schon auf Erden einen Garten schaffen, der das überirdische Ideal anstrebt? Ein persisches Sprichwort besagt, man müsse nicht erst sterben, um ins Paradies zu gelangen, solange man einen Garten habe. Vergleiche zwischen irdischen Gärten und dem islamischen Paradies finden sich in der persischen Literatur immer wieder. Und im Koran wird es als Garten mit köstlichen Früchten und vier Kanälen beschrieben, in denen die Lebensströme Wasser, Milch, Wein und Honig fließen. Der Einlass ist nur den Gottesfürchtigen sicher.

Herausragende Beispiele der Gartenkunst

Eine ganze Reihe von Persischen Gärten wurden im Jahr 2011 zum UNESCO-Weltkulturerbe ernannt. Zu den eindrucksvollsten gehört der Bagh-e Fin, der »Fin-Garten«, bei Kaschan. Die Anlage in der Nähe des Dorfes Fin entspricht dem Idealtypus eines Persischen Königsgartens und wurde von dem Safawiden-Schah Abbas I. (1571–1629) in Auftrag gegeben. Auch in der safawidischen Hauptstadt Isfahan wurden in dieser Periode unzählige Gärten angelegt, darunter der wunderschöne Chehel Sotun. 1870 entstand unter kadscharischer Herrschaft der Schahzadeh oder »Prinzengarten« bei Mahan, über dessen Terrassen stetig Wasser plätschert. Um die Bewässerung des Gartens inmitten der Wüstenlandschaft zu gewährleisten, wurde dafür ein Qanat, eine traditionelle Anlage zur Wassergewinnung, errichtet. Weitere berühmte persische Gärten mit Welterbestatus sind der Bagh-e Eram in Schiras sowie der Doulat Abad in Yazd.

8 Für die Ewigkeit – die Felsgräber von Naqsch-e Rostam

Nekropole des alten Persiens

Ihre letzte Ruhestätte fanden achämenidische Herrscher vor rund 2500 Jahren in den steilen Wänden des Hoseyn Kuh: Dort sind die altpersischen Großkönige in monumentalen Gräbern bestattet, die direkt in den Fels geschlagen wurden. Unter ihren riesigen kreuzförmigen Fassaden ließen Jahrhunderte später sassanidische Herrscher kunstvolle Reliefs mit Szenen aus ihren Regierungszeiten meißeln.

In diesen Felsengräbern liegen Darius II., Artaxerxes I., Darius I. und Xerxes I. begraben (unten). Die Sassaniden knüpften an die erste persische Großmacht an und verewigten ihre Siege in Reliefs neben den Grabstätten (rechte Seite).

Nur rund vier Kilometer nördlich von Persepolis taucht die Sonne jeden Morgen die imposanten Gräber von Naqsch-e Rostam in weiches Licht. Wie die altpersischen Stätten Pasargadae und Persepolis entführt auch die beeindruckende Nekropole ihre Besucher auf eine Zeitreise in das antike Persien. Eines der vier Felsgräber kann ohne jeden Zweifel einem achämenidischen Herrscher zugeordnet werden: Es ist die Grabstätte von Darius I., der 486 v. Chr. verstarb. Viele Forschungsergebnisse legen zudem nahe, dass in den anderen drei Gräbern die achämenidischen Könige Darius II., Artaxerxes I. und Xerxes I. bestattet liegen. Drei der Gräber sind direkt nach Süden gerichtet, nur das vierte Grab, in dem vermutlich Xerxes I. liegt, weicht in seiner Ausrichtung deutlich ab.

Aus achämenidischer Zeit stammen auch die Reliefs, die auf den kreuzförmigen Fassaden der Gräber angebracht wurden. Über den relativ kleinen Eingang zum eigentlichen Grab tragen ausgewählte Delegierte des Volkes die schwere Last des Thrones für ihren Herrscher. Auf diesem Thron und einem kleinen Podest stehend richtet der König seine Gebete an den

Gott Ahura Mazda, der aus einer geflügelten Sonnenscheibe erscheint.

Sassanidische Handschrift

Die Kultstätte besaß über Jahrhunderte so große Bedeutung, dass sich hier auch die sassanidischen Herrscher verewigten. Das sassanidische Reich ist nach dem Perserreich unter achämenidischer Vorherrschaft (ca. 550–330 v. Chr.) das zweite persische Großreich (ca. 224–651 n. Chr.). Neben und unter den monumentalen Felsgräbern ließen sie imposante Reliefs in den Stein meißeln. Eine besonders auffällige Darstellung prangt neben Darius' I. Grab: Es zeigt den Triumph den sassanidischen Königs Shapur I. über die römischen Kaiser Philippus Arabs und Valerian. Letzterer wurde 260 v. Chr. von Shapur I. auf einem Feldzug gefangen genommen – ein unglaublicher Triumph des Sassanidenherrschers. Auf dem Relief sieht man, wie Philippus Arabs vor Shapur kniet. Valerius hingegen steht vor dem Sassanidenherrscher, der ihm, als Symbol für die Gefangenschaft des römischen Kaisers, die Hände hält.

Unter Ahura Mazdas schützender Hand

Bei allen Gräbern lassen sich Hinweise auf die damalig vorherrschende Religion erkennen. Deutlich erkennbar ist der »Herr der Weisheit« Ahura Mazda mit seinen weit ausgebreiteten Flügeln. Als Verkörperung des Guten und des Lichts steht der alleinige Schöpfergott des Zoroastrismus im Kampf gegen seinen Bruder Ahriman, dem Gott der Finsternis.

In der zoroastrischen Schöpfungsgeschichte erschuf Ahura Mazda die Welt in Form eines Eis, auf dem der Berg Elburs die Erde mit dem Himmel verbinden sollte. Als es Ahriman gelang, in die Schöpfung seines guten Bruders einzugreifen und die Ozeane zu vergiften, ließ es Ahura Mazda tagelang regnen, bis nur noch das Salz der Meere als kleiner Rest der von Ahriman verursachten Verunreinigung übrig blieb.

Der Kampf des Guten gegen das Böse resultiert in der Vorstellung von einem Paradies und einer Hölle. Jeder Mensch ist für seine Taten selbst verantwortlich, ob er nun dem Weg in das Paradies folgt oder der Finsternis anheimfällt.

Und so ist die Darstellung des Gottes Ahura Mazda in der achämenidischen Nekropole als Hinweis für die Herrscher zu verstehen, sich stets für das Gute zu entscheiden. Auch heute gibt es eine große Verbindung der Bevölkerung zu den alten Göttern ihrer Heimat, allen voran zu Ahura Mazda.

HERRSCHAFTSSITZ PASARGADAE

Pasargadae liegt zwar von Schiras am weitesten entfernt, auf einem Tagesausflug nach Persepolis und Naqsch-e Rostam bleibt jedoch genug Zeit für eine Besichtigung. Das Areal war schon im 4. Jahrtausend v. Chr. besiedelt, die um 550 v. Chr. gegründete achämenidische Königsresidenz Kyros entstand deutlich später. Pasargadae ist vor allem ein Ziel für Besucher, die sich für die antike Geschichte des Landes interessieren. Die hiesigen Relikte sind bei weitem nicht so spektakulär wie die Ruinen in Persepolis und können schon gar nicht mit den imposanten Gräbern in Naqsch-e Rostam mithalten. Allerdings liegt hier die bedeutende letzte Ruhestätte des persischen Herrschers Kyros I, die zum UNESCO-Welterbe gehört. Die antike Residenzstadt ist so weitläufig, dass man sie am besten mit dem Auto erkundet.

WEITERE INFORMATIONEN

Öffnungszeiten: 8–18.30 Uhr im Sommer, 8–17 Uhr im Winter

Buchtipp (keine deutsche Übersetzung vorhanden): Waters, Matt: Ancient Persia. A Concise History of the Achaemenid Empire 550-330 Bce. New York 2014.

Auf der Apadana-Treppe sind Darstellungen von Gesandtschaften, aber auch persischer Wachen zu sehen (oben). Durch Alexander den Großen wurde die Stadt großteils zerstört (rechte Seite unten). Zu den beliebten Motiven in achämenidischer Zeit gehört der zwei-köpfige Greif (rechte Seite außen unten).

9 Das Erbe Persiens – Persepolis

Der letzte Glanz einer Weltmacht

Im Iran besinnt man sich gerne zurück auf die antike Geschichte des Landes, zur Erinnerungskultur gehört auch der identitätsstiftende Rückgriff auf das alte Persien. So verwundert es nicht, dass sich viele Iraner heute noch als »persisch« bezeichnen. Die achämenidische Residenzstadt Persepolis bietet die beste Gelegenheit, in Erinnerungen an vergangene Zeiten zu schwelgen. Dazu kommt natürlich, dass es sich um eine der bedeutendsten und sehenswertesten archäologischen Stätten handelt, die das Land zu bieten hat.

Über die parallel verlaufenden Treppenaufgänge führt der Weg geradewegs zum Tor aller Länder – tatsächlich wandeln hier moderne Touristen exakt auf den Spuren der einstigen Gesandtschaften des persischen Reiches. Bevor sie das eigentliche Palastgebiet betreten durften, wurden alle Gäste im Torgebäude registriert, von dem heute nur noch Überreste zu sehen sind. Gut erhalten sind jedoch die Skulpturen der geflügelten Stiermenschen, die das Tor flankieren. Die Figuren der Mischwesen wachten über die Stadt, und zumindest das Eingangsportal selbst konnten sie bis heute beschützen.

Die verheerende Zerstörung

Persepolis wurde im Jahr 520 v. Chr. von Darius I. gegründet und löste in der Folge Pasargadae als Residenz ab. Heute gehören die Relikte des antiken Persepolis sowie die Grabstätte Kyros' II. zum UNESCO-Weltkulturerbe. Für den Bau der neuen Residenzstadt ließ Darius Handwerker aus dem ganzen Reich bringen, die nicht als Sklaven arbeiteten, sondern für ihre Dienste entlohnt wurden.
Einen schönen Blick über das weitläufige Areal hat man von der Anhöhe, auf der sich das Felsengrab Artaxerxers' II. befindet. Dort oben drängt sich einem unwillkürlich die Frage auf,

wie prächtig die Stadt vor ihrer Verwüstung durch Alexander den Großen wohl gewesen sein mag. Dessen Truppen steckten die Häuser Persepolis' im Jahr 330 v. Chr. in Brand, nahmen seine Bewohner gefangen und misshandelten sie. Einige verbrannte Relikte aus jener Zeit der Eroberung sind heute im Museum vor Ort ausgestellt.

Gesandtschaften aus dem ganzen Reich

Von den Wohnpalästen von Darius und Xerxes ist heute nicht mehr viel zu sehen. Außerordentlich gut erhalten ist jedoch die östliche Apadana-Treppe, die Reliefs mit den Darstellungen der Delegationen der Völkerschaften schmücken. Mehrmals entdeckt man auch die Abbildung eines Löwen, der sich gerade in ein Pferd verbeißt. Dieses auffällige Motiv wird gerne mit dem Nowruz-Fest in Verbindung gebracht, doch ist heute nicht eindeutig klar, welche Bedeutung es zur Zeit Darius' I. tatsächlich besaß. Da aber gerade zu den Feierlichkeiten rund um das Neujahrsfest Vertreter aus dem ganzen Reich eingeladen wurden, klingt die Deutung plausibel.
Die Darstellungen zeigen insgesamt 23 Delegationen, die jeweils von einem persischen Würdenträger zum König geführt werden. Man kann sie gut unterscheiden anhand ihrer unterschiedlichen Kleidung, durch die Geschenke, die sie in ihren Händen halten, und auch durch ihre Zugtiere, die sie mit sich führen. So sind beispielsweise die Bachtiaren an ihrem typischen Haarschmuck zu erkennen. Sie halten Schalen in den Händen und führen ein Kamel als Lasttier mit sich. Die Lyder bringen Krüge aus Edelmetall und sind leicht anhand ihrer charakteristischen Hüte zu identifizieren. Die Assyrer führen dagegen Widder mit sich und treten mit Tierhäuten und Kleidung vor den König. Kleidung – und Schüsseln – bringen auch die Ionier. Auf den Reliefs marschieren alle Delegationen in Richtung des Eingangs der Empfangshalle. Begleitet werden sie dabei von persischen Wächtern, die auf den Reliefs auch häufig zu sehen sind.

TAKHT-E JAMSHID?

Nicht selten ergeben sich Missverständnisse, weil Einheimische die alte Residenzstadt nicht Persepolis, sondern Takht-e Jamshid, »Thron des Jamshid«, nennen. Der Name geht auf den großen persischen Dichter Ferdowsi zurück, der im 10./11. Jahrhundert lebte. In seinem Werk *Shahname* schrieb er über den namensgebenden mythischen König Jamshid, der auch schon in der heiligen Schrift Avesta Erwähnung findet. Wenn man nun in Schiras versucht, sich ein Taxi für die 50 Kilometer weite Fahrt nach Persepolis zu organisieren, kann dies schon einmal scheitern, wenn man nicht weiß, dass man über dasselbe Ziel mit verschiedenen Namen spricht: »Persepolis?«, Taxifahrer: »Takht-e Jamshid?«, »Takht-e Jamshid? No, Persepolis!«, Taxifahrer: »Persepolis? No Persepolis. Takht-e Jamshid?«, »No, Persepolis!«, Taxifahrer: »Persepolis?«

WEITERE INFORMATIONEN

Öffnungszeiten: April bis Oktober 8–19 Uhr, November bis März 8–17 Uhr
Buchtipp: Shahbazi, Alireza Shapur: Persepolis. Die altpersische Residenzstadt. Darmstadt 2013.

Der Nordwesten

Geheimnisse inmitten der Berge

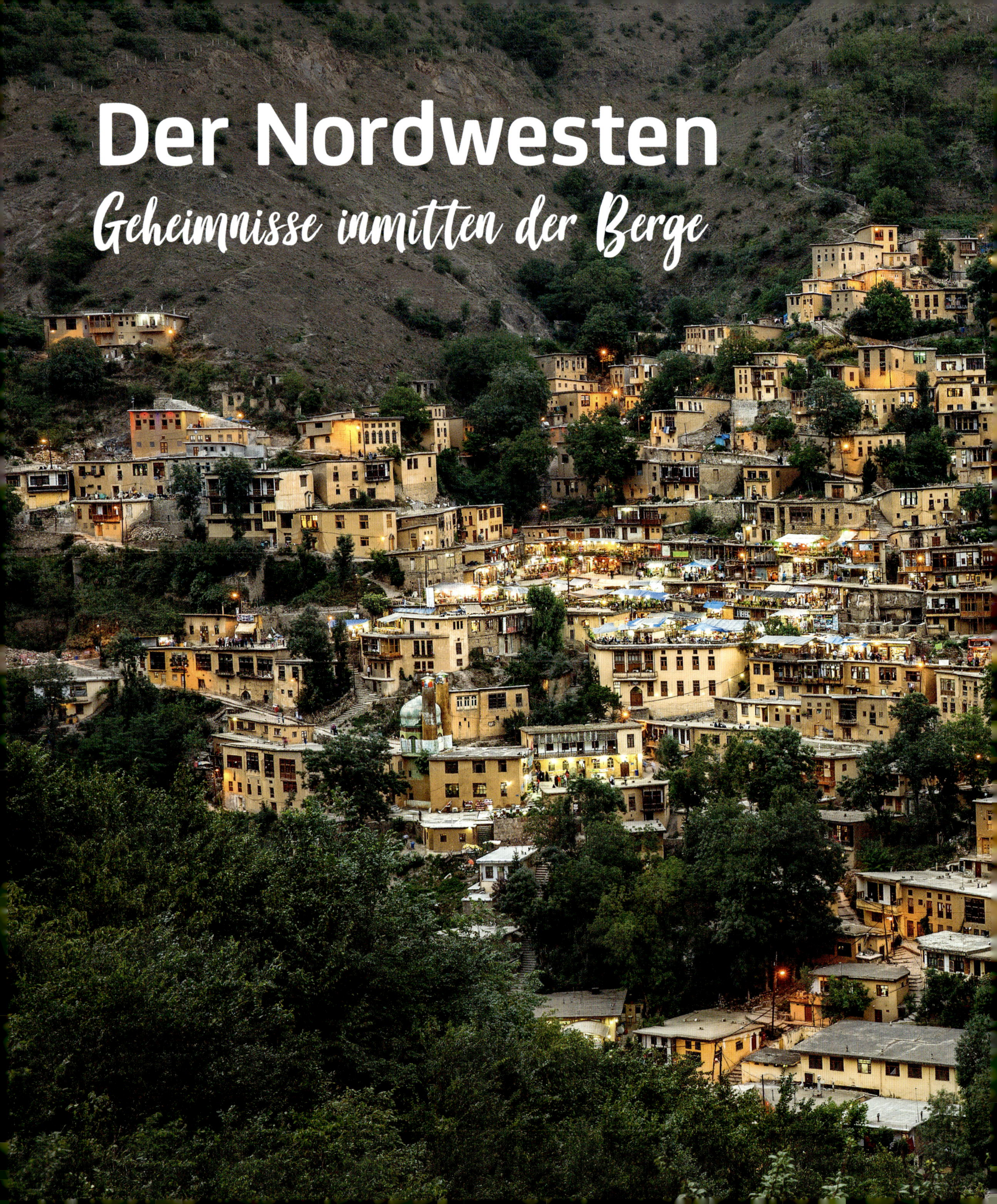

Die verschachtelten Häuser von Masuleh werden regelmäßig neu verputzt (links). Das Grabheiligtum des Sufi-Meisters Safi-al Din zeugt von der einstigen Bedeutung Ardabils (oben). In der regenreichen Provinz Gilan wird auch Tee angebaut (unten).

Reiseroute durch die grüne Seele des Irans

Mit seinen Bergen und dem satten Grün im Frühjahr bietet der Nordwesten landschaftliche Abwechslung. Wer bei Iran nur an Wüste denkt, wird hier positiv überrascht. Der Nordwesten wartet zudem mit großartiger Architektur auf, darunter mit faszinierenden armenischen Kirchen und Klöstern.

Die Stadt Qazvin bietet nicht nur safawidische Architekturschätze, sondern auch den perfekten Ausgangspunkt für die Erkundung des Nordwestens des Landes. Von hier aus starten Touren in das Alamut-Tal, in dem mehrtägige Wanderungen möglich sind. Unbedingt empfehlenswert ist von Qazvin aus zudem ein Ausflug in das liebliche Bergdorf Masuleh. Wer öffentlich unterwegs ist, reist mit dem Bus nach Rascht und gelangt von dort mit einem weiteren Bus nach Fuman. Von dem Städtchen aus fahren Taxis die letzten Kilometer hinauf nach Masuleh. Auf dieser Tour quer durch die fruchtbare Provinz Gilan können auch im Sommer üppig grüne Landschaften genossen werden. Die hiesigen Teeplantagen und Reisfelder lassen einen schnell vergessen, dass man sich im Iran befindet. Wer sich nach Lahijan aufmacht, kann unmittelbar neben dem Sheikh-Zayed-Gilani-Mausoleum schöne Teeplantagen entdecken. Von Rascht geht es weiter nach Ardabil – ein Muss für alle, die sich an safawidischer Architektur nicht sattsehen können und ein weiteres UNESCO-Weltkulturerbe besichtigen möchten. Während Ardabil leicht mit dem Bus erreichbar ist, muss man für längere Trekkingtouren in das benachbarte Sabalan-Gebirge auf verschiedene Tourenanbieter zurückgreifen.

Fliegende Teppiche und christliche Klöster

Im regelmäßigen Takt fahren Busse nach Täbris. Die Perle des Nordwestens wartet mit nichts Geringerem als dem größten überdachten Basar der Welt auf. Viele Reisende unternehmen von der Großstadt aus Tagesausflüge zu den verstreut liegenden christlich-armenischen Klöstern des Nordwestens. Auf diese Weise sparen sie Zeit und müssen nicht auf die raren Unterkünfte in unmittelbarer Nähe der Klöster zurückgreifen. Eine solche Tour führt sowohl zum Stephanus- als auch zum Thaddäus-Kloster. Wer weder Zeit noch Mühen scheut, übernachtet in der Grenzstadt Dscholfa und besucht von dort aus das 16 Kilometer entfernte Stephanus-Kloster. Die Fahrt dorthin verläuft entlang der Grenze mit Ausblick auf den schönen Fluss Aras.

Zum größten Binnensee des Iran

Weiter führt der Weg in die Stadt Maku, die bereits nahe der türkischen Grenze gelegen ist und eine kleine Auswahl passabler Unterkünfte bietet. Von hier aus fahren Taxis zu der 35 Kilometer entfernten DzorDzor-Kapelle und dem Barun-Stausee, anschließend geht es weiter zum rund 85 Kilometer entfernten Thaddäus-Kloster. Die Stadt Urmia ist mit dem Bus zu erreichen. Die dortige Attraktion, der riesige gleichnamige Binnensee, liegt allerdings außerhalb des Stadtzentrums. Nicht weit von Urmia entfernt finden sich am nordwestlichen Ufer des Urmia-Sees schöne Stellen in Bereichen, wo das Gewässer noch nicht zur Salzwüste ausgetrocknet ist. Einen weiteren Umweg lohnt das Bergdorf Kandovan, das mit dem Taxi direkt von Urmia oder alternativ von Täbris aus erreicht werden kann. Viele Reisende statten dem Dorf nur einen Halbtagesbesuch ab, tatsächlich lässt sich aber auch in vielen privaten Häusern gegen eine kleine Miete übernachten. Die letzte Etappe von Täbris zurück nach Qazvin ist wieder per Bus möglich. Ein Zwischenstopp bietet sich in Soltaniye an, wo das herrschaftliche Oldjeitu-Mausoleum einen Besuch lohnt.

Im alten Kern des reizenden Bergdorfs Kandovan wurden einst Höhlenwohnungen in die Tuffsteinformationen gegraben (oben). Bergpanorama in der Nähe von Sultanine (unten links).

IN HÖCHSTEN HÖHEN

Ausgehend vom Alamut-Tal führen verschiedene Trekkingtouren zu drei Viertausendern. Um den mit 4850 Metern höchsten Berg, den Alam Kuh, zu erreichen, müssen Reisende für die weniger frequentierte Route von Garmarood aus mindestens fünf Tage einplanen. Ebenfalls von Garmarood aus kann der mit 4200 Metern wesentlich niedrigere Shah Alborz in Angriff genommen werden. In nur zwei Tagen ist zudem der 4180 Meter hohe Khashechal von den Dörfern am Evan-See aus machbar.

WEITERE INFORMATIONEN ZU TREKKINGTOUREN IM ALAMUT-TAL

www.alamuttrek.com

Der Ali-Qapu-Torbau ist eines der vielen safawidischen Bauwerke in Qazvin (oben). Im Kontrast dazu beherbergt der schroffe Fels die Reste einer Assassinen-Festung (rechte Seite unten).

10 So nah und doch so fern – Qazvin und das Alamut-Tal

Iran im Westentaschenformat

Qazvin und das Alamut-Tal sind nur wenige Kilometer von Teheran entfernt und stehen doch im auffälligem Kontrast zur Hauptstadt. Hier findet man auf kleinem Raum alles, was der Iran zu bieten hat: großartige Landschaften und eine einzigartige Architektur. Trotzdem gehören die Stadt und das benachbarte Tal nicht immer zum Pflichtprogramm für Reisende.

Nur zwei Autostunden von Teheran entfernt, ist Qazvin ein lohnender Zwischenstopp für Reisende auf dem Weg nach Masuleh. Bevor sie ihren Herrschaftssitz 1598 nach Isfahan verlegten, war Qazvin ein halbes Jahrhundert lang die Hauptstadt des Reichs der Safawiden. Ihre Bedeutung als Handelszentrum und Station für Karawanen verlor die Stadt aber auch danach nicht.

Architekturschätze aus safawidischer Zeit

In Qazvin gibt es für Freunde islamischer Architektur viel zu entdecken. Auch wenn die Stadt im Lauf der Geschichte durch einige Erdbeben schweren Schaden nahm, so sind doch noch immer viele kleine Bauwerke vorhanden, mit denen sie auch heute ihre Besucher bezaubert. Besonders schön sind die Architekturperlen aus safawidischer Zeit, allen voran das Heiligtum des Imamzadehs Hossein. Das von einer kleinen Gartenanlage umgebene Mausoleum ist zwar nicht so groß wie diejenigen in Qom und Schiras, besticht aber gerade dadurch. Für Männer und Frauen führt jeweils ein eigener Eingang in das Innere des Kuppelbaus, das wie üblich in hellem Grün erstrahlt. Gläubige Iranerinnen kommen hier gerne her, wenn sie schwanger werden möchten oder sich das

Beste für den bereits erwarteten Nachwuchs wünschen. Der etwas entfernt stehende Ali-Qapu-Torbau wurde als Haupteingang zu den Herrscheranlagen besonders repräsentativ gestaltet. Von dort ist es nur noch ein Katzensprung zur beeindruckenden Jame-Moschee und zum Chehel-Sotun-Pavillon.

Sitz der Assassinen

Ein schönes Ausflugsziel ist das nahe gelegene Alamut-Tal, das weder klein noch lieblich, sondern mit seinen gewaltigen Ausmaßen schlicht beeindruckend ist. Über viele Kilometer ziehen sich hier die Wanderrouten zu den weit verstreuten Siedlungen. Von Teheran kommend, ist es kurz vor Qazvin gut ausgeschildert. Wenn man der Straße bergauf und bergab um die 100 Kilometer folgt, erreicht man schließlich Gazor Khan, den Ausgangspunkt für einen Besuch der Alamut-Festung.
Vor den halsbrecherischen Fahrmanövern auf der Bergstraße sei allerdings gewarnt, wenngleich der berüchtigte iranische Fahrstil heute nur mehr die einzige Gefahr darstellt. Noch im 11. und 12. Jahrhundert war das Alamut-Tal die Heimat der berüchtigten Assassinen. Ihre mächtigen Festungen galten als uneinnehmbar und sind auch heute nur schwer zu entdecken – allerdings ist dies aber wohl mehr darauf zurückzuführen, dass nur wenige Überreste die Zeiten überdauert haben. Der Besuch lohnt sich aber wegen der Landschaft.
Ein besonders gefürchteter Assassinen-Führer war Hasan Sabbah, weshalb die Einheimischen die über die Grenzen des Landes hinaus bekannte, jedoch weitgehend zerstörte Alamut-Festung auch Qaleh-ye Hasan Sabbah nennen. Sie ist ein Ausflugsziel für historisch Interessierte, die sich besonders für die assassinische Geschichte begeistern. Einen bleibenden Eindruck hinterlässt bei den meisten jedoch weitaus mehr der Blick auf das Tacht-i-Suleiman-Gebirge und den abgeschliffenen Felsen, auf dem die Festung errichtet wurde.

GUT GEMEINTE RATSCHLÄGE

Von dem gut gemeinten Vorschlag, sich doch unbedingt den Evan-See anzusehen, kann man nur abraten. Westliche Reisende kehren regelmäßig mit enttäuschten Mienen von dem vermeintlich wunderschönen See zurück, denn tatsächlich ist das beliebte Ausflugsziel mehr ein Teich denn ein See, der darüber hinaus künstlich angelegt wurde. Bei den Taxifahrten in das Tal lohnt der Preisaufschlag für den Evan-See demnach keinesfalls. Wer Alternativen sucht, wird womöglich mit einer der vielen Wanderrouten glücklich, die man im Alamut-Tal gehen kann. Eine Möglichkeit ist der Trek zur Navizar-Festung. Diese weitere Wehranlage der Assassinen bietet eine spektakuläre Aussicht, eine Wanderung dorthin ist aber nur empfehlenswert, wenn man schwindelfrei ist und sich über Felsschutt zu gehen wagt. Wer hoch hinaus will, kann auch Trekking-Touren zu den Viertausendern, zum Beispiel zum Alam Kuh (4850 m) unternehmen. Wer weniger Erfahrung mit Wandertouren hat, kann auf leichtere Routen im Tal zurückgreifen.

WEITERE INFORMATIONEN

Das Alamut-Tal ist nicht mit öffentlichen Verkehrsmitteln zu erreichen. Es lohnt, sich für die lange Strecke ein Taxi zu teilen – und vor allem zu handeln!
Trekking-Touren: www.alamuttrek.com

11 Wie aus dem Märchen – Masuleh

Eine Fahrt ins Grüne

Langsam führt der Weg auf der kurvigen Bergstraße in die Höhe, und durch die dünnen Nebelschwaden eines schönen Sommerabends fällt der Blick auf ein pittoreskes Dorf. Wenn nach Sonnenuntergang die Lichter der Laternen und Häuser angehen, fühlt man sich nicht mehr wie im Iran, sondern wie in einem Märchenland mit Feen und Elfen – so zauberhaft ist Masuleh.

Schon der Weg durch die fruchtbare Provinz Gilan nach Masuleh ist eine Reise wert. Außer wenn Schnee liegt, ist dieser Landstreifen am südwestlichen Rand des Kaspischen Meeres vor allem eines: grün – und zwar das ganze Jahr über. Für den Iran ist dies eine Besonderheit. Von der kleineren Stadt Fuman aus führt eine Straße vorbei an Teeplantagen, Reisfeldern und durch dichte Wälder hinauf in die Berge. In dieser lebenssprühenden Landschaft fühlt man sich fast nach Südostasien versetzt.

Traditionelles Stadtbild

In Masuleh angekommen, bezaubert vor allem die traditionelle Architektur des Dorfes. Über kleine steile Stufen, flache Dächer und durch schmale Gassen führen viele Wege durch die alte Siedlung, die sich an den Berghang schmiegt. Die verschachtelt gebauten Häuser sind aus Lehm, Stein und Holz gebaut und werden regelmäßig neu verputzt. Häufig sind sie zweistöckig und werden im Inneren von einer großen Treppe dominiert, die beide Etagen miteinander verbindet. Im Inneren versprühen die Häuser mit ihren reich verzierten Türen und Fenstern aus Holz sowie den mit dunklem Lehm verputzten Wänden besonderen Charme.

Bei einem Spaziergang entdeckt man liebevoll verzierte Balkone und Blumen, die sich von

Der Basar erstreckt sich über mehrere Etagen der verschachtelten Siedlung (unten). Bei Nacht schlendern vor allem auch iranische Touristen durch die Gassen, viele Häuser werden an Gäste auch vermietet (rechte Seite oben).

den Fenstern aus an den Mauern ranken, und erreicht zwangsläufig auch Masulehs Herzstück: den Basar. Er zieht sich über vier Ebenen des terrassenförmig angelegten Dorfes. Hier kann man Handarbeiten und köstliches Obst und Gemüse kaufen, in Restaurants persische Küche und in hübschen Cafés zum Abschluss eine Wasserpfeife genießen.

Tourismus und Nachhaltigkeit

Es verwundert kaum, dass der iranische Tourismus das schöne Dorf und sein fruchtbares Umland schon lange für sich entdeckt hat. Insbesondere in den freien Tagen rund um das iranische Neujahrsfest gehört Masuleh zu den begehrtesten Ausflugszielen. Iraner und Iranerinnen lieben es, durch die Gassen der Altstadt zu schlendern, sich traditionelle Häuser zu mieten und manchmal auch zu kaufen. Und vor allem lieben sie das Grün der Wälder und das glasklare Wasser der Bäche und Wasserfälle. Mit den arrangierten Fotos, auf denen sich Reisende in der traditionellen Kleidung des Dorfes fotografieren lassen, ist für manchen Masulehs touristische Entwicklung wohl schon zu weit fortgeschritten. Aber das ändert nichts daran, dass das Dorf wunderschön ist und seine Bewohner überaus freundlich. Die iranische Bevölkerung hat ohne Zweifel Geschmack und somit wohl auch eine unverkennbare Schwäche für malerische Bergdörfer – das schließt Abyaneh ebenso mit ein, wie Kandovan und eben auch Masuleh. Derzeit laufen Projekte zur Sicherstellung eines nachhaltigen Tourismus in der Region, was von den Einheimischen positiv aufgenommen wird.

IN TRADITIONELLEN HÄUSERN ÜBERNACHTEN

Wer gerne in einem traditionellen Haus übernachten möchte, sollte sich bei der Ankunft in Masuleh nicht von den Menschen beirren lassen, die schon am Fuß des Dorfes in das dortige Hotel einladen wollen. Da es keine öffentliche Verkehrsanbindung gibt, sind die meisten Reisenden auf ein Taxi angewiesen. Am besten fährt man bis zum oberen Ende des Dorfes. Von dort führt der unbeschwerte Weg bergab durch die Gassen der Altstadt, in der die Einheimischen gerne traditionelle Häuser zu einem günstigen Preis vermieten. Wen es nicht stört, dass es in solchen Häusern keine Betten gibt, sondern nur Matratzen, Decken und Teppiche zur Verfügung stehen, kann Masulehs ganzen Charme voll auskosten.

WEITERE INFORMATIONEN

Für das Dorf ist eine kleine Taxe von 30 000 Rial zu entrichten.
Weitere Informationen zu Übernachtungsmöglichkeiten in Bergdörfern:
www.inextenso.at/iran/unterkuenfte-in-bergdoerfern

Die Festung sitzt auf zwei Bergrücken und ist bis heute schwer zugänglich.

12 Ein wohlgehütetes Geheimnis – die Festung Rudkhan

Beschwerlicher Weg zum Ziel

Durch üppiges Grün führt der Weg steil hinauf zur eindrucksvollen Festung Rudkhan – auf den ersten Blick scheint der Wald das Bauwerk beinahe zu verschlingen. Aber eigentlich ist es gerade das Zusammenspiel von Architektur und Natur, das den Charme dieses Ortes ausmacht.

Auf der schmalen Straße, die an dem Dorf Masuleh vorbei über den Berg führt, kann man gleich nach Ardabil weiterfahren. Wer jedoch die Festung Rudkhan besichtigen möchte, muss wieder zurück nach Fuman, um dort der ausgeschilderten Straße nach Qaleh-ye Rudkhan zu folgen. Das mittelalterliche Monument aus Ziegel und Stein wurde in der sasanidischen Ära im 3. Jahrhundert n. Chr. errichtet und von den Ismailiten im 12. Jahrhundert neu aufgebaut. Der Berg, auf dem die Festung erbaut wurde, bot mit seinen vielen kleinen Höhlen den Soldaten die Möglichkeit, Attacken aus dem Hinterhalt zu starten. Die Festung dehnt sich auf zwei Erhebungen des Bergrückens aus. In einem Teil der Wehranlage war der Herrscher samt Familie untergebracht, der andere war für Soldaten und Bedienstete vorgesehen.

Der Lohn für all die Mühen

Am Fuß des Berges ist Endstation für Autofahrer. Der Weg zu der mittelalterlichen Festungsanlage ist zu Fuß zurückzulegen und braucht seine Zeit. Die hohe Luftfeuchtigkeit erschwert den Aufstieg an heißen Sommertagen. An einem malerischen Bachlauf vorbei geht es die steinernen Stufen und Wege hinauf. Nach rund sechs Kilometern ist man am Ziel und steht an dem mächtigen Tor der Anlage.

Direkt neben dem Mausoleum wird der Tee geerntet, der in Iran nur in der Provinz Gilan angebaut wird.

13 Üppiges Grün – Lahijan

Ein ungewohntes Bild

Wer nicht glauben mag, dass man in Iran auch Reisfelder und Teeplantagen finden kann, der sollte sich auf den Weg nach Lahijan machen. Hier präsentiert sich das Land von einer ganz ungewohnten Seite.

Das Kaspische Meer ist verantwortlich für das feuchte Klima Gilans und letztendlich auch dafür, dass diese Provinz zu einem sehr wichtigen Reislieferanten für das ganze Land geworden ist. Über das Jahr verteilt regnet es in Gilan exorbitant mehr als in den meisten Regionen Irans. In Gilan fährt man an Reisfeldern und Teeplantagen vorbei, stehen Wasserbüffel im saftigen Grün und sieht man Fischer, die in wasserreichen Flüssen ihre Netze neben Wasservögeln ausbreiten. Hier liegt mit Lahijan auch das Teezentrum des Landes. Dort kann man zuschauen, wie bei der Teeernte die Teeblätter in mühevoller Kleinarbeit gepflückt werden, und natürlich auch den Tee aus der Region kaufen. In Lahijan gibt es zudem ein Teemuseum, welches in die Geschichte des Teeanbaus des Landes einführt. So erfährt man hier, dass Mohammad Mirza die Kultivierung von indischem Tee im 19. Jahrhundert begann.

Sheikh-Zayed-Gilani-Mausoleum

Wer von Lahijan aus wenige Kilometer Richtung Langerud fährt, stößt auf das Mausoleum des Sheikh Zayed Gilani. Sein charakteristisches buntes, pyramidenförmiges Dach ist für Iran nicht weniger ungewöhnlich als die umliegenden Plantagen, von denen der Tee in großen Säcken heruntergebracht wird. Ein freundlicher Mullah und ein eifriger Wächter laden Besucher gerne ein, sich das Mausoleum von innen anzusehen. Die kleine Privatführung kann mit einer kleinen Spende abgegolten werden, und wenn man Glück hat, bekommt man als kleines Andenken einen Gebetsstein geschenkt.

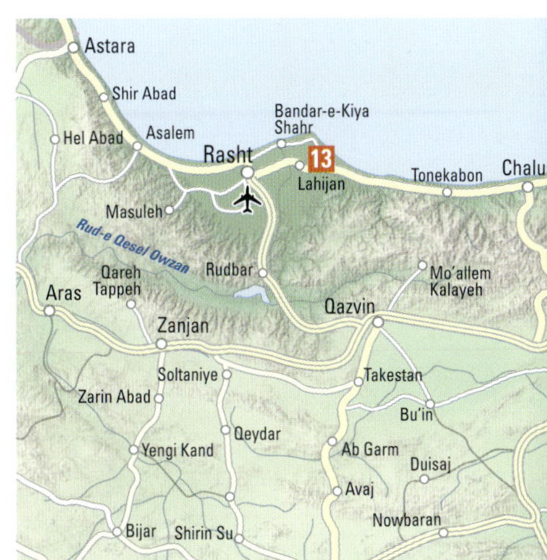

Der betretbare Innenkomplex des Sheikh-Safi-Heiligtums (oben) besteht aus der Bibliothek (rechte Seite oben) und dem Eingangsbereich (rechte Seite unten)

14 Heimat der Safawiden – Ardabil

Die Fürstendynastie stammte aus der alten Handelsstadt

Ardabil lockt mit einer historisch bedeutenden UNESCO-Welterbestätte: dem prächtigen Grabheiligtum des Safi-al Din. Der Sufi-Sheik war der Vorfahr der Safawiden-Dynastie, die von 1501 bis 1722 im Iran regierte. Die uralte Handelsstadt ist heute vor allem für ihre herrlichen Teppiche bekannt, von denen es einer im 19. Jahrhundert zu Weltruhm brachte.

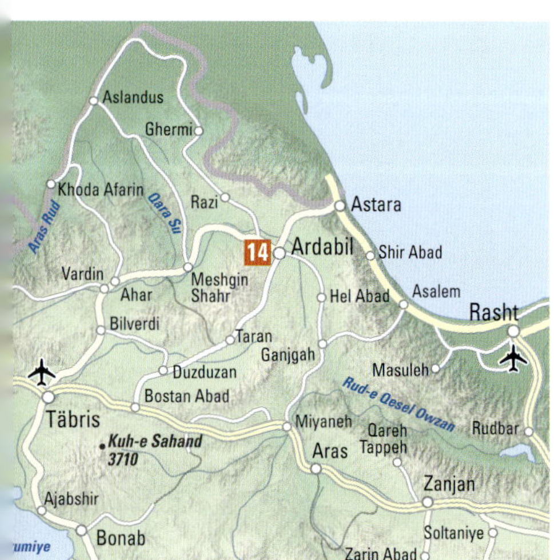

Die Hauptstadt der Provinz Ardabil zählt knapp 500 000 Einwohner und blickt auf eine lange Geschichte zurück. Sie war schon ein bedeutendes Handelszentrum, bevor sich der Islam im 7. Jahrhundert ausbreitete. Ardabil nahm in den folgenden Jahrhunderten eine herausragende Stellung im historischen Aserbeidschan ein, bis die Stadt im Nordwesten des heutigen Iran im 13. Jahrhundert von Mongolen zerstört wurde.

Nur wenige Zeit nach diesen Ereignissen kam Sufi-Sheik Safi-al Din um 1300 nach Ardabil. Er hatte zuvor lange Zeit in Gilan bei seinem Lehrmeister Sheikh Zayed Gilani gelebt, dessen Mausoleum bei Lahijan steht. Safi-al Din ließ sich mit einer Schar überzeugter Anhänger in der Stadt nieder und gründete dort 1301 den Sufi-Orden Safawiyya. In den unsicheren Zeiten kurz nach dem verheerenden Einfall der Mongolen gewann der Sufismus vor allem dank seiner mystischen Elemente schnell eine große Anhängerschaft. Der Orden wuchs rasant an, hauchte der Stadt neues Leben ein und bewahrte sie davor, vollends in Vergessenheit zu geraten. Rund 200 Jahre später hatte die Safawiyya-Gemeinschaft erhebliche wirtschaftliche und politische Macht gewonnen und stand unter der Führerschaft von Sheikh Ismail. Der Nachfahre Safi-al Dins stieg nach einem Eroberungszug quer durch das Land als Ismail I. zum Shah der Safawiden-Dynastie auf, die bis in das 18. Jahrhundert in Persien herrschte und im ganzen Land eindrucksvolle Denkmäler hinterließ, allen voran in Isfahan.

Das Sheikh-Safi-Heiligtum

Als Sufi-Sheikh Safi-al Din 1334 starb, wurde ihm zu Ehren ein heiliger Schrein errichtet. Dieser wurde im Lauf der Jahrhunderte zu einem prachtvollen Komplex ausgebaut, in dem unter anderem auch Ismail I. bestattet wurde. Besonders bekannt ist der gut restaurierte Grabturm mit den blauen Verzierungen auf ockerfarbenen Grund, der die Grabstätte Sheikh Safi-al Dins beherbergt. Besucher zieht es nach einem Blick auf die Grabstätte meist schnell in die angeschlossene Bibliothek, die mit ihren Farben, Formen und Mustern zu den großen Architekturschätzen des Iran gehört. Der Komplex ist für Schiiten eines der wichtigsten Sufi-Heiligtümer und seit Jahrhunderten das Ziel von zahllosen Pilgerfahrten. An Sufi-Traditionen angelehnt ist auch der Weg der Pilger durch die Anlage. Er führt durch sieben getrennte Bereiche, die jeweils eine der sieben Stufen der Sufi-Mystik verkörpern.

Der kostbarste Perserteppich der Welt

»An extraordinary carpet« schrieb die *Times* 1892 und drückte damit die Entzückung der westlichen Welt über einen Perserteppich der Sonderklasse aus. Der Teppich, der so viel Aufmerksamkeit erregte, war in einem Ausstellungsraum eines Kunsthändlers zu sehen und stammte aus dem Sheikh-Safi-Heiligtum in Ardabil. Er war im 16. Jahrhundert von safawidischen Herrschern für den Schrein in Auftrag gegeben worden, die damit ihre Verehrung für die dort bestatteten Vorfahren zeigen wollten. Das textile Kunstwerk misst unglaubliche 61,5 Quadratmeter und besteht aus rund 26 Millionen Knoten. Er gilt als der feinste und zudem als der älteste Teppich der Welt, der mit einem Datum versehen ist. Weit mehr als das Jahr der Fertigung verrät die Inschrift am Ende des Teppichs, die ganz zum Schluss gewebt wurde. Unter anderem kann man dort in den ersten beiden Zeilen lesen:

Safi-al Din war nicht nur als Sufi-Meister, sondern auch als Vorfahre der safawidischen Herrschaftsdynastie bedeutend, was letztlich den Prunk des Grabheiligtums erklärt (unten).

»Außer an deiner Schwelle gibt es für mich keinen Zufluchtsort auf dieser Welt. Außer an dieser Pforte gibt es keinen Ort für mich, wo mein Haupt in Geborgenheit ruhen könnte.« Die Worte aus einem Gedicht des großen Poeten Hafis wurden in dem Teppich verewigt, weil der Schrein als Ort der letzten Zuflucht gedeutet wurde. Des Weiteren gibt die Inschrift Aufschluss über die Entstehung des Teppichs. Sie berichtet von einem »Maqsud Kashani«, wobei »Kashani« schlicht »Mann aus Kaschan« bedeutet. Tatsächlich war Maqsud ein Unternehmer aus Kashan, der in der Teppichproduktion tätig war. Für den berühmten Ardabil-Teppich wurde er vermutlich aus Kashan in den Norden Irans geholt, weil seine Expertise gefragt war. Gefertigt wurde der Teppich viel wahrscheinlicher in Täbris oder Qazvin und nicht in Ardabil selbst.

Eine neue Heimat in London

1843 entdeckten zwei englische Reisende den Teppich im Sheikh-Safi-Heiligtum. Dreißig Jahre später ereignete sich ein schweres Erdbeben und eine Renovierung des schwer beschädigten Schreins wurde nötig. Da große Geldsummen aufgebracht werden mussten, kamen Teppiche aus seinen Beständen unter den Hammer. Den großartigen »König der Perserteppiche« erwarb ein englischer Unternehmer – und auch den Zwilling des Meisterwerks. Dessen Existenz war lange geheim gehalten worden, obwohl es durchaus üblich war, Teppiche in Paaren anzufertigen. Beide Teppiche wiesen Schäden auf, und da man sich in der westlichen Welt einig war, dass ein intaktes Objekt wertvoller sei als zwei lädierte, unternahm man kurzerhand den unglaublichen Versuch, den einen Teppich mit dem anderen zu flicken. Das reparierte Meisterwerk ging schließlich 1892 an das Victoria and Albert Museum in London, das dafür ein Vermögen bezahlte. 2000 Pfund, damals eine unglaubliche Summe, war der Teppich, dem der britische Kunsthändler William Morris »singular perfection« bescheinigte, dem Museum wert. Noch heute kann er dort in der Abteilung für islamische Kunst bewundert werden. Sein Zwilling hat mittlerweile seinen Weg in das Los Angeles County Museum of Art gefunden.

HEISSE QUELLEN

Rund 30 Kilometer außerhalb von Ardabil lockt die kleine Stadt Sarein mit neun heißen Quellen, die in der Nähe eines inaktiven Vulkans sprudeln. Bei den Einheimischen erfreuen sich die Thermalquellen besonderer Beliebtheit – tatsächlich ist es für viele absolut unverständlich, dass westliche Reisende nicht den Weg in die Kurstadt finden. Darüber hinaus ist die Provinz Ardabil für ihren leckeren Honig bekannt. Es empfiehlt sich, ein paar Gläser mitzunehmen, bevor es zur nächsten Station der Reise geht.

WEITERE INFORMATIONEN

Sheikh-Safi-Heiligtum: 8–12 Uhr und 15.30–19 Uhr im Sommer, 8–17 Uhr im Winter, Mo geschlossen
Näheres zu dem im Victoria and Albert Museum ausgestellten Teppich findet man unter dem Stichwort »ardabil carpet« auf der Museumswebsite www.vam.ac.uk.

Die hohe Kunst der Ornamentik und Kalligrafie

Charakteristische Kunstformen der islamischen Welt

Herrliche Ornamente und Kalligrafien zieren die Moscheen und Paläste des Landes. Die Schönheit der iranisch-islamischen Architektur basiert auf dieser perfektionierten Kunst, die, durch das islamische Bilderverbot vorangetrieben, natürlich religiös besetzt ist. Sie ist damit weit mehr als nur dekorativ.

Kunstvolle Ornamente ergeben gemeinsam mit Kalligrafie das harmonische Gesamtbild der Lottfollah-Moschee in Isfahan (unten). Durch das Stalaktitengewölbe kommen die Muster in der Nasir-ol-Molk-Moschee in Schiras besonders zur Geltung (rechts oben). Die Farbe Blau dominiert.

Die Vervollkommnung der ornamentalen und kalligrafischen Kunst steht ohne Zweifel mit dem Bilderverbot in der islamischen Welt in Zusammenhang. Elegante Schriftzüge sowie pflanzliche und geometrische Muster schienen als ein adäquates Mittel, sich künstlerisch auszudrücken und dabei auf Abbildungen von Gott, Mensch und Tier zu verzichten. Begründet wurde das islamische Bilderverbot damit, dass die Schöpferkraft nur Gott vorbehalten ist und es Künstlern daher verboten sein sollte, seine Schöpfung nachzuahmen. Über die Jahrhunderte wurde das Bilderverbot aber in seiner praktischen Umsetzung vielerorts gelockert, und Iran nimmt dabei eine Sonderstellung ein. So ist es in der schiitisch-islamischen Welt durchaus möglich, auf historische oder zeitgenössische Abbildungen von Mohammed zu stoßen, und nicht wenige iranische Haushalte besitzen ein Bild des Propheten. Im Koran finden sich keine expliziten Ausführungen zu einem Verbot von derlei Abbildungen. Das Bilderverbot selbst ist Teil eines religiösen Diskurses.

Ornamentik – Von der Liebe zum Detail

Ornamente sind prägende Elemente in der islamischen Kunst und angesichts der reichlich verzierten Fassaden, Innenräume und Kuppeln aus Iran nicht wegzudenken. Wer einen näheren Blick auf die detailreichen Muster

wirft, erkennt schnell, dass sich grundsätzlich zwei Arten von Ornamenten unterscheiden lassen: Die einen basieren auf geometrischen, die anderen auf pflanzlichen Formen. Häufig gehen beide Typen ineinander über und das große Ganze wird mit kunstvoller Kalligrafie vervollständigt.
Iran ist ein herausragendes Beispiel für diese über Jahrhunderte verfeinerte Kunstform, wobei die Ornamentik schon lange vor der Ausbreitung des Islams ihre Anwendung fand. In der islamischen Architektur beeindruckt sie nicht zuletzt durch die Ausformung von Muqarnas, die aufgrund ihrer Form auch Stalaktitengewölbe genannt werden. Ihre Besonderheit liegt darin, dass geometrische Muster durch die plastisch hervortretenden Spitzbogenformen an Dreidimensionalität gewinnen. Mögen Ornamente für westliche Reisende vor allem schön anzusehen sein, so sind sie doch weit mehr als Dekoration. Sie stecken voller Bedeutung und können als Zeugnis der Schönheit Gottes, als Zeichnungen des Paradieses oder als kosmische Verbundenheit des Menschen verstanden werden. Heute ist man in Iran landesweit bemüht, das Kunsthandwerk zu erhalten. Deshalb ziert Ornamentkunst nicht nur die Wände von Moscheen und Palästen, sondern auch Teller und Vasen.

Kalligrafie – Schönschrift als visuelle Kunst

Eine besondere Form der Ornamentik ist die Kalligrafie. In Iran besitzt die Kunst des Schönschreibens einen besonderen Stellenwert und gilt als höchste Form der visuellen Kunst. Sie basiert zudem auf uralten Traditionen: Da die nordarabische Schrift aus dem 7. Jahrhundert schwer zu lesen war, entwickelte man im Lauf der folgenden Jahrhunderte neue und vor allem elegantere Schriften. Eine besonders schöne iranische Schrift ist die Nasta'liq, die ab dem 15. Jahrhundert Verbreitung fand. Sie ist eine Mischung aus den Schriften Naschi und Taliq und zeichnet sich durch lang gezogene Linien in der Horizontalen sowie durch betonte Rundformen aus.
Mit Kalligrafie werden jedoch nicht nur Moscheen geschmückt, sondern auch Bücher, Münzen oder Türen verziert. Meistens handelt es sich dabei um heilige Schriftzüge aus dem Koran, die gemalt werden. Die iranische Schönschrift wird für religiöse Texte verwendet, ist für die kunstvolle Darstellung poetischer Werke beliebt und selbst bei amtlichen Dokumenten kommt sie mitunter zum Zuge. Seit einigen Jahren wächst darüber hinaus in Iran das Angebot an Kalligrafiekursen – denn die Kunst des Schönschreibens will gelernt sein.

Das Stephanus-Kloster inmitten der Berge (oben). Dass sich die christlich-apostolischen Ornamente und Symbole heute so zeigen, ist zahlreichen Restaurierungen zu verdanken (rechts unten).

15 Armenisch-christliches Erbe – das Stephanus-Kloster

Ein klösterliches Ensemble

Im äußersten Norden, nur einen Katzensprung von der Landesgrenze entfernt, liegt zwischen Bergen eingebettet das Stephanus-Kloster. Das eindrucksvolle Ensemble ist ein Zeugnis armenischer Geschichte innerhalb der heutigen Landesgrenzen Irans und gehört seit 2008 zum Weltkulturerbe der UNESCO – eine verdiente Anerkennung für das Kloster, das nach Zerstörungen in neuem Glanz erstrahlt.

Gleich drei christliche Monumente wurden 2008 als Ensemble christlich-armenischer Architektur und Kultur auf die Liste der UNESCO-Welterbestätten gesetzt. Dazu zählen neben dem Stephanus- auch das Thaddäus-Kloster sowie die Kapelle von DzorDzor. Diese drei Zeugnisse armenischer Geschichte im Iran liegen mehrere Kilometer voneinander entfernt. Vor allem vom Stephanus-Kloster zum Thaddäus-Kloster ist es ein weiter Weg, wenn man in einem Tag alle drei Monumente besuchen möchte, sei es in einem Tagesausflug von Täbris oder auf kürzeren Touren von Maku und Dscholfa aus. Gemeinsam bieten sie einen fantastischen Eindruck von der Bedeutung der armenischen Kultur im hohen Norden Irans.

Schwere Zeiten

Das Stephanus-Kloster wurde im 7. Jahrhundert gegründet und war ein wichtiges religiöses Zentrum. Dass die Anlage heute so schön erhalten besichtigt werden kann, ist keine Selbstverständlichkeit angesichts der Zerstörungen, die sie im Lauf der Jahrhunderte durch Naturkatastrophen und menschliche Unbarmherzigkeit erlitt. Doch nach jeder Verwüstung gab es Bemühungen, das religiöse Leben wieder aufzubauen.

Unter safawidischer Vorherrschaft im 15. Jahrhundert erlebte das Kloster eine Blütezeit, die durch die osmanische Eroberungen in Armenien ein Ende fand. Als die safawidischen Herrscher im 17. Jahrhundert in der Region wieder an Einfluss gewannen, konnten die in Mitleidenschaft gezogenen Klöster renoviert werden. Allerdings war die nachfolgende Zeit geprägt von Unruhen und einem erneuten persischen Machtverlust. Das weitläufige Gebiet, in dem die Klöster stehen, war sowohl für die persische als auch für die osmanische und russische Seite von Interesse – ein Konflikt war vorprogrammiert. Im 20. Jahrhundert wurde das Kloster erneut von Zerstörungswut getroffen, als die einfallende türkische Armee die gesamte Bibliothek verbrannte und die Anlage plünderte.

Verdientes Weltkulturerbe

Seit seiner letzten Renovierung zwischen 1983 und 2001 sonnt sich das Stephanus-Kloster in neuem Glanz. Heute lässt sich vor allem von den kleinen Wegen der umliegenden Berghänge der Blick auf den Komplex mit seiner Wehrmauer und seinen Türmchen genießen. Das Besondere an dem armenisch-christlichen Ensemble ist die erkennbare Vermischung von persischen, armenischen und byzantinischen Architekturelementen. Diese interessante Verschmelzung von Stilen war ein Grund, dass das Kloster Stephanus, aber auch das Thaddäus-Kloster sowie die Kapelle von DzorDzor zum UNESCO-Welterbe ernannt wurden. Zudem zeugen all diese Monumente von der geschichtlichen Bedeutung der armenischen Kultur in diesem Raum, der heute zum muslimischen Staat Iran gehört. Dieser ist wiederum darauf bedacht, das religiöse und kulturelle Erbe des Landes zu erhalten und kulturell bedeutende Bauwerke zu schützen – auch christliche Klöster. So trug auch der gute, renovierte Zustand der Monumente dazu bei, dass sie zum Welterbe deklariert wurden.

DER GRENZE ENTLANG

Zu gerne würde man hier die Kamera auspacken, aber davon ist direkt an der Grenze zwischen Iran und Nachitschewan abzuraten. Die autonome Republik gehört zu Aserbaidschan und ist eine von Iran, Armenien und der Türkei umschlossene Exklave. Eine Fahrt entlang des schönen Flusses Aras sollte man sich dennoch nicht entgehen lassen. Egal, ob man nun von Täbris oder von Dscholfa aus das Stephanus-Kloster besucht, ein Abschnitt des Flusses liegt in beiden Fällen auf der Strecke. Unterwegs sieht man in regelmäßigen Abständen die Militärposten auf iranischer und aserbaidschanischer Seite. Dass ein so malerisches Tal Grenzgebiet ist, in dem das Militär die Fischer am Grenzfluss überwacht, ist eigentlich zu schade. Dennoch lohnt es sich, hier durchzufahren und die Landschaft auf sich wirken zu lassen. Zudem kommt man am Weg zum Stephanus-Kloster auch an der Kirche der Heiligen Mutter Gottes vorbei – ein weiteres Beispiel der armenischen Kultur in dieser Region.

WEITERE INFORMATIONEN

In Dscholfa lassen sich Unterkünfte finden. Wer allerdings in Sachen Komfort auf Nummer sicher gehen will, sollte eine Unterkunft im anderthalb Fahrstunden entfernten Täbris bevorzugen.

Die Kapelle ist der einzig erhaltene Teil des DzorDzor-Klosters.

16 Kleine Kapelle ganz groß – DzorDzor

Der Weg ist das Ziel

Als in den 1980er-Jahren der Makutschai zum Barun-See aufgestaut wurde, versetzte man die berühmte Kapelle von DzorDzor Stück für Stück und baute sie an anderer Stelle wieder auf. Heute zieht sie die Menschen gerade wegen ihrer beeindruckenden neuen Lage in einer grandiosen Landschaft in ihren Bann.

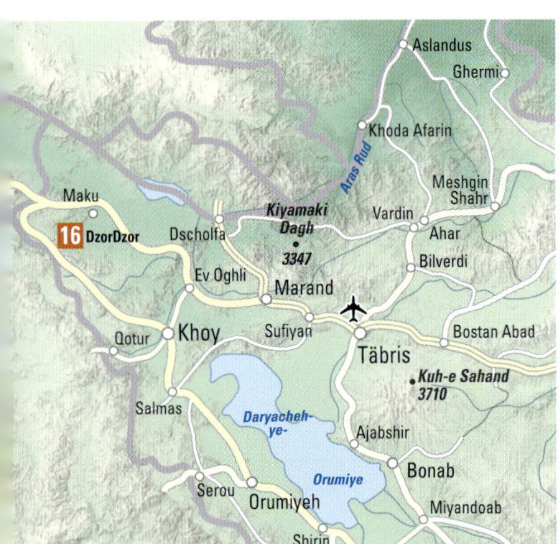

Maku ist der perfekte Ausgangspunkt für eine Fahrt zur Kapelle von DzorDzor. Die armenisch-apostolische Kapelle der Heiligen Mutter Gottes gehört zusammen mit dem Thaddäus- und dem Stephanus-Kloster zum UNESCO-Welterbe – mindestens so reizvoll wie das Bauwerk ist jedoch auch die herrliche Landschaft, in der es gelegen ist. Von Maku aus führt eine eindrucksvolle Serpentinenstraße über einen 2400 Meter hohen Pass nach DzorDzor. Auf dem Weg nach oben begleitet einen der Blick auf den mächtigen Ararat, ein ruhender Vulkan und der höchste Berg der Türkei. Wenn sich die Straße nach dem Pass schließlich wieder hinunterschlängelt, öffnet sich langsam die Aussicht auf den ganzen Barun-Stausee.

Mühevolle Kleinarbeit

Perfekt in Szene gesetzt, steht die Kapelle von DzorDzor an ihrem neuen Standort auf einem Felsvorsprung oberhalb des Stausees. Das Bauwerk aus dem 14. Jahrhundert ist das einzig erhaltene Monument des einst bedeutenden DzorDzor-Klosters. Das klösterliche Leben fand ein jähes Ende, als Shah Abbas I. im 17. Jahrhundert DzorDzor zerstören und die armenische Bevölkerung umsiedeln ließ. Als in den 1980er-Jahren der Barun-Staudamm am Fluss Makutschai errichtet wurde, nahm man den einsamen Rest des Klosters völlig auseinander, damit er nicht überflutet wurde, nummerierte die Einzelteile und baute die Kapelle rund 600 Meter entfernt an erhöhter Stelle wieder auf. Heute gehört sie zum UNESCO-Welterbe.

17 Christliche Pilgerstätte – St. Thaddäus

Im Juli strömen jedes Jahre armenische Gläubige zur Klosteranlage, um dem heiligen Thaddäus zu gedenken.

Ein armenisches Kloster mit bewegter Geschichte

Das Kloster des Apostels Thaddäus ist völlig einsam gelegen und doch ein herausragendes armenisches Kulturgut. Die UNESCO-Welterbestätte ist bis heute ein bedeutender Wallfahrtsort, zu dem alljährlich die Gläubigen in Scharen pilgern.

Die Legende besagt, dass der Apostel Thaddäus vor der Christenverfolgung in Palästina nach Armenien floh, wo er König Abgar von einer schweren Krankheit heilte. Daraufhin wurde Thaddäus angehalten, seinen christlichen Glauben zu verbreiten, und eine wahre Konvertierungswelle begann. Abgars Nachfolger setzte der Missionierung jedoch ein jähes Ende und begann die christlichen Gläubigen zu verfolgen. Auch Thaddäus fiel dieser Verfolgung zum Opfer und fand der Überlieferung zufolge zwischen 60 und 64 n. Chr. den Märtyrertod. Die Gebeine des Heiligen sollen in die erste Kapelle des Thaddäus-Klosters gebracht worden sein, die im selben Jahrzehnt erbaut worden war. Dort wurden sie über Jahrhunderte hinweg aufbewahrt, bis die türkische Armee im 20. Jahrhundert in der Region einfiel.

Imposanter Anziehungspunkt

Nach einem Erdbeben, das 1319 das Kloster verwüstete, wurde die schwarze Thaddäus-Kirche aus dunklen Steinen errichtet. Die hellen Sandsteine des Bauwerks, die heute zu sehen sind, stammen aus späteren Bau- und Renovierungsphasen.

Zu der berühmten Kirche kommen alljährlich im Juli armenische Gläubige aus aller Welt, um genau 105 Tage nach dem Osterfest dem heiligen Thaddäus an seiner Grabstätte ihre Ehre zu erweisen. Während des dreitägigen Festes entsteht rund um die Wehrmauern des Klosters eine regelrechte Zeltstadt für die Pilgerinnen und Pilger. Doch auch wer keine Wallfahrt nach St. Thaddäus unternimmt, wird von der schlichten Monumentalität des Klosters beeindruckt sein.

Der Barun-Stausee gehört heute zu den Hauptattraktionen der Umgebung. Die Kapelle des DzorDzor-Klosters wurde versetzt, um sie vor der Überflutung zu retten.

In der Parkanlage um die Freitagsmoschee kommen abends Jung und Alt zusammen (oben). Der Basar unterscheidet sich wesentlich von den anderen Märkten im Iran durch den Baustil aus der Zand-Dynastie. Die wertvollen Teppiche, die unter Umständen so viel kosten wie ein Mittelklassewagen, liegen in unzähligen Stapeln im ganzen Basar verteilt (rechte Seite).

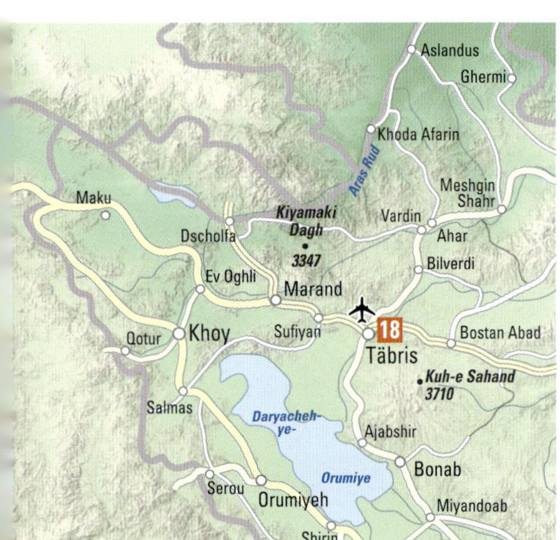

18 Die Sinne berauschend – Täbris

Das Zentrum im Nordwesten

Die Basare sind die Lebensadern der iranischen Städte. Mit ihren Gerüchen, Farben und angebotenen Kostbarkeiten entsprechen sie genau der westlichen Vorstellung von orientalischen Märkten. Der Basar in Täbris ist einer der schönsten des Landes, doch auch jenseits der Marktgassen gibt es Einiges zu entdecken.

Bunte Basare gehören in ganz Iran zum Bild der Städte, und auf Reisende üben sie immer wieder von Neuem eine magische Anziehungskraft aus. Die orientalischen Märkte wirken märchenhaft, sind jedoch vor allem eines: authentisch. Und auch wenn das vielleicht einem romantisierten Bild in Europa zuwiderläuft, können in Basaren neben der beeindruckenden Handwerkskunst und den berauschenden Gewürzen eben auch Kühlschränke, Werkzeug und derlei praktische Dinge für das alltägliche Leben erworben werden. Aber eben weil sich die Basare im Iran nicht als reine Sammelbecken für Souvenirs präsentieren, werden sie auch heute noch von Einheimischen aufgesucht. Heute bilden sie einen unverzichtbaren Teil des persischen Alltags und sind zu manchen Tageszeiten gesteckt voll, doch leider verlieren sie langsam an Bedeutung. Die gehobene Mittelschicht, die etwas auf sich hält, bevorzugt moderne Läden, zudem nehmen moderne Einkaufszentren in Städten wie Teheran und Isfahan immer mehr Platz ein. Dieser Wandel überrascht nicht und ist nur ein weiteres Phänomen der modernen Welt.
Die eingeschworene Gemeinschaft von Basaris, also von den Kaufleuten, die hier ihre Geschäfte haben, ist darüber alles andere als erfreut. Schließlich ist ein Basar mehr als ein Konsumpalast. Er ist fundamentaler Bestandteil der orientalischen Kultur und zudem ein familiärer Ort, wo die Händler bei einem Tässchen Tee zusammenkommen, lachen und plaudern.

Im Obergeschoss des Basars wird Schritt für Schritt an den Teppichen gearbeitet. Hier werden die Muster vorgezeichnet (unten) und alte Teppichteile wiederverwertet (rechte Seite oben). Der Basar besitzt verschiedene Abteilungen und auch Lagerräume (unten).

Unverkennbares Erscheinungsbild

Täbris, im 13. Jahrhundert die Hauptstadt der Ilkhane und im 16. Jahrhundert der Safawiden, war lange Zeit ein bedeutender Handelsplatz an der alten Seidenstraße. Ein faszinierendes Zeugnis der historischen persischen Handelsgeschichte ist der großartige Basar der Stadt, der 2010 zum UNESCO-Welterbe ernannt wurde. Allerdings hat sich das Bild des Marktzentrums seit seiner Glanzzeit im 13. Jahrhundert beträchtlich gewandelt. Ende des 18. Jahrhunderts legte ein verheerendes Erdbeben, das Schätzungen zufolge zwischen 50 000 und 200 000 Menschenleben forderte, Täbris in Schutt und Asche. Vom Basar blieben lediglich einige wenige Abschnitte aus dem 16. Jahrhundert stehen. Im 19. Jahrhundert baute man ihn im Wesentlichen im Stil der Zand-Dynastie, die im 18. Jahrhundert im Iran herrschte, neu auf. Nach der erlittenen Katastrophe füllten sich umgehend wieder die vielen kleinen Läden und Handwerksstätten. Durch den Stil der Zand-Dynastie unterscheidet sich der Basar in Täbris deutlich von den vielen anderen Märkten im Land. Rot ist die dominierende Farbe der unzähligen Marktgassen. Und die Farbe der vielen Ziegeln in den Mauern spiegelt sich schließlich in den beinahe inflationär herumliegenden Perserteppichen. Kostbarkeiten der etwas anderen Art sind hier allerdings die vielen Gemälde. Auch wenn es vielleicht nicht dem heutigen europäischen Geschmack entspricht, erfreuen sich im Iran Gemälde, auf denen unter anderem europäisch-bürgerlich anmutende Szenen in fruchtbaren Gärten zu finden sind, größter Beliebtheit.

Ein Streifzug durch den Basar führt durch viele verschiedene Abteilungen, neben dem obligatorischen Gewürzmarkt findet man unter anderem Kleiderläden, Geschäfte für Haushaltsgeräte, Juweliere oder auch eine ganze Gasse voller Wolle, die auf ihre Weiterverarbeitung wartet. Ein Höhepunkt ist die schöne Mozaffariye-Halle, in der zahlreiche Teppichläden auf Kundschaft warten. Zwischendurch stärkt man sich kurz in einem der Imbisse, die auch von Einheimischen besucht werden. Wer dem Trubel für eine Weile entgehen möchte, findet schöne Plätze zum Erholen und Entspannen, beispielsweise halboffene Höfe mit Brunnen und Steinbänken, die zur Rast einladen.

Hinter den Kulissen

Im Basar weiß man nie, wem man im nächsten Moment begegnen und mit wem man um die

nächste Ecke in ein nettes Gespräch verwickelt werden wird. Wer Glück hat, kann einen Blick hinter die Kulissen des Geschehens werfen. Während sich die Verkaufsläden im unteren Geschoss des überdachten Basars befinden, werden im Obergeschoss viele Arbeiten im Hintergrund verrichtet. Dort werden die Muster für die kostbaren Perserteppiche auf Papier entworfen, bevor diese in mühevoller Kleinarbeit angefertigt werden. In rustikalen, durch und durch charmanten Werkstätten werden alte Teppichteile auseinandergeknüpft, um sie wieder neu verarbeiten zu können. Die älteren Männer, die hier oft noch den Handwerksarbeiten nachgehen, sprechen in der Regel kein Englisch, doch auch ohne Worte spürt man ihre Leidenschaft für ihre Arbeit, die sie Interessierten voller Stolz zeigen. Einen solchen Einblick in die Welt eines orientalischen Basars sollte man sich nicht entgehen lassen.

Jenseits der Marktgassen

Der Basar ist sicher die unschlagbare Hauptattraktion in Täbris, doch lohnen hier noch weitere Sehenswürdigkeiten einen Besuch. Die schönste Aussicht hat man vom Eynali, dem Hausberg der Stadt, auf dessen Gipfel bequemerweise eine Seilbahn fährt. Oben reicht der weite Blick über die unaufhaltsam wachsende Metropole, in der über zwei Millionen Menschen leben. Damit ist die Hauptstadt der Provinz Ost-Aserbaidschan zugleich die viertgrößte Stadt Irans.

Vom Eynali aus sieht man auch die Blaue Moschee aus dem 15. Jahrhundert. Als einziges Bauwerk des einstigen Mozaffariye-Komplexes, zu dem unter anderem eine Bibliothek gehörte, hat sie das Erdbeben im 18. Jahrhundert überlebt – wenn auch stark beschädigt. Besonders sehenswert sind das Portal und die inneren Räumlichkeiten der außen schlicht gehaltenen Moschee. In der angeschlossenen Parkanlage treffen sich die älteren Männer zum Plaudern, abends ist sie ein Treffpunkt für alle Generationen.

Ein beliebtes Ausflugsziel der Einheimischen ist aber auch der weitläufige El-Goli-Park. Zu der über 50 000 Quadratmeter großen Anlage gehört ein Pavillon aus kadscharischer Zeit (18.–20. Jahrhundert), der mitten in einem künstlich angelegten See steht. Eine weitere Sehenswürdigkeit und zugleich das Wahrzeichen von Täbris ist die im Zentrum gelegene Arg-e-Täbris. Die riesige, fast 30 Meter hohe Mauer gehörte einst zu einer Moschee aus dem Mittelalter.

PERSERTEPPICHE

Täbris ist ein Eldorado für alle, die orientalische Märkte und Perserteppiche lieben. Die Stadt ist seit dem 19. Jahrhundert ein Hauptumschlagplatz für Teppiche. Die »Perser«, die hier geknüpft werden, haben in der Mitte meist eine Art Medaillon, oft stellen sie auch Jagdszenen dar. Persiens Glanz scheint vereint im Anblick der feinen Gewebe, die auch in modernen iranischen Haushalten als unverzichtbar gelten, in Europa jedoch nicht mehr so boomen wie noch vor 20 Jahren. Im Basar von Täbris gibt es Teppiche, die erheblich mehr kosten als ein Kleinwagen in Europa, und doch nur wie ganz gewöhnliche Textilien aufeinandergestapelt sind. Neben diesen beeindruckenden kostbaren Stapeln laufen die Teestände ganz unbeeindruckt auf Hochtouren. Ununterbrochen schenken sie kleine Tässchen Tee aus, der kleine Preis gilt übrigens auch für Nicht-Einheimische.

WEITERE INFORMATIONEN

Blaue Moschee: Sa bis Do 9–19 Uhr, Fr 9–13 Uhr
Basar: Fr geschlossen

Die kostbaren Perserteppiche in Täbris werden seit dem 19. Jahrhundert hier geknüpft.

19 Farbenprächtige Berge – Ausflug nahe Täbris

Dem Farbenspiel der Natur auf der Spur

Auf Bildern leuchten sie so bunt, dass man es kaum glauben kann – doch wer Zeit, Geduld und vor allem ein eigenes Fahrzeug hat, kann sich auf die Suche nach den geheimnisvollen Bergen bei Täbris machen und sich mit eigenen Augen von ihrem Farbenspiel überzeugen. Leichter als die weit verstreuten Erhebungen findet man jedoch die hübsche Kirche in Sohrol, die nur ein paar Kilometer von Täbris entfernt gelegen ist.

Sie sind schwer zu erreichen und nicht leicht zu finden, weshalb sich nicht viele Reisende auf den Weg machen, um mit eigenen Augen zu sehen, wie die berühmten bunten Berge im Umland von Täbris in fantastischen Rottönen und anderen Farben erstrahlen. Von Täbris aus empfiehlt sich die Route über Khajeh zu dieser kleinen landschaftlichen Besonderheit. Schon vor Khajeh gewinnen die Berge zusehends an Farbe, weshalb es sich lohnt, unterwegs der einen oder anderen schmäleren Straße zu folgen, um einen genaueren Blick darauf werfen zu können.

Eine andere Route folgt der leider viel befahrenen Hauptstraße Richtung Zanjan, die direkt an rot-weiß gemusterten Bergen vorbeiführt. Unterwegs im Bus, wird man daran in der Regel einfach vorbeifahren. Wer jedoch mit einem eigenen Fahrzeug unterwegs ist, kann hier von der Hauptstrecke abfahren und auf kleinen Straßen die Gegend erkunden, ein fantastischer Blick auf die Berge ist bei diesen Touren garantiert. Die Farben, über die man unterwegs staunt, verändern sich von Gebiet zu Gebiet. Während in der Gegend um Khajeh auch Rosa und Lila dominieren können, stehen

Die Kirche Sohrol ist nur wenige Kilometer von Täbris entfernt und Teil des christlich-armenischen Erbes des Landes (unten). Richtung Khajeh kann neben einer viel befahrenen Straße diese landschaftliche Besonderheit entdeckt werden (rechte Seite oben).

entlang der Hauptstraße nach Zanjan verschiedenste Rottöne an erster Stelle.

Der ganz normale Wahnsinn

Eine Tour in die bunten Berge unternimmt man am besten mit dem eigenen Fahrzeug, doch Autofahren im Iran will geübt sein. Auch erfahrene Fahrerinnen und Fahrer können ganz schnell blass werden, wenn sie mit dem iranischen Verkehr konfrontiert werden. Halsbrecherische Überholmanöver in Kurven und bei nahendem Gegenverkehr sind absolut üblich, und trotz Augenkontakt mit Entgegenkommenden werden Kurven einfach geschnitten. Iraner wissen um die Gefahr und berichten von vielen Unfällen, wo Freunde zu Schaden gekommen sind.

Nichtsdestotrotz ist das Fahren mit dem eigenen Fahrzeug eine wunderschöne Art, Iran zu bereisen, da man so auch abgelegene und ungewöhnliche Ziele erreicht, wie zum Beispiel die farbenprächtigen Berge bei Täbris und das nicht weit davon entfernt liegende Sohrol.

Lohnender Ausflug nach Sohrol

Wesentlich leichter als die weit verstreut gelegenen bunten Berge ist die kleine Hovhannes-Kirche aus dem 19. Jahrhundert zu finden. Wie die Kapelle von DzorDzor oder die berühmten Klöster Thaddäus und Stephanus gehört sie zum christlich-armenischen Kulturerbe Irans. Die Kirche steht nur 25 Kilometer von Täbris entfernt in dem Dorf Sohrol, das durch seine Lage in einer reizvollen Landschaft begeistert. Zu erreichen ist die abgeschieden wirkende Ortschaft von Täbris aus über die Straße, die Richtung Norden am Flughafen vorbei über die kleinen Dörfer Zabarlu, Pardul und Arzaneh führt und bis Sohrol immer enger wird. In dem hübschen kleinen Dorf, das vor allem von der Landwirtschaft lebt, führt ein schmaler Pfad hinauf auf die Anhöhe, auf der die Kirche steht. Sie ist im Inneren zwar etwas verfallen, kann jedoch besichtigt werden. Eine kleine Treppe führt hinauf zum Glockenturm, die schlichte Schönheit des Bauwerks entdeckt man jedoch am besten beim Blick hinauf in die Kuppel.

VERPFLEGUNG FÜR UNTERWEGS

Im Gegensatz zum iranischen Verkehr stellt die Verpflegung unterwegs weder ein Problem noch eine Gefahr dar. Auch in kleinen Dörfern verkaufen Läden Naan – Fladenbrot – und den köstlichen iranischen Frischkäse Panir. Das beste Fladenbrot gibt es natürlich beim Bäcker, der meist daran zu erkennen ist, dass dort eine lange Schlange ansteht und die Leute mit Brot vollbeladen wieder weggehen. Es lohnt sich, die unterschiedlichen Sorten zu kosten. Darüber hinaus gibt es ein breites Angebot an Gemüse und Obst, je nach Region und Saison Datteln, Melonen, Granatäpfel und viele andere Sorten mehr. Sie können am Straßenrand preisgünstig gekauft werden – man ist also gut versorgt.

WEITERE INFORMATIONEN

Spritpreise im Iran: 20 Cent/Liter Benzin
Erfahrungsberichte über das Fahren im Iran: www.inextenso.at/iran/selberfahren-im-iran-der-ganz-normale-wahnsinn

Neben den Behausungen in den Tuffkegeln werden auch immer wieder modernere Anbauten gefertigt (oben). Die Straße führt am Ende des Dorfes weiter zu den saftigen Wiesen des Sahand-Gebirges (rechte Seite).

20 Kunstwerk aus Tuff und Bims – Kandovan

Eine andere Welt

Nein, man ist nicht versehentlich im türkischen Kappadokien gelandet, wenn man der Bergstraße zu den Ausläufern des Sahand-Gebirges gefolgt ist. Die bizarren Tuffkegel mit den kleinen Fenstern und Türen gehören zu dem iranischen Dorf Kandovan – Irrtum ausgeschlossen. Die faszinierenden Höhlenwohnungen sind einer Laune der Natur und menschlicher Kunstfertigkeit zu verdanken.

Bergdörfer gibt es viele im Iran, doch Kandovan ist und bleibt eine Besonderheit: Hier wurden die Behausungen nicht auf dem Boden errichtet, sondern in den Stein gehauen. Die Höhlenwohnungen, die in Kegel und Wände aus Tuffstein gegraben wurden, boten den Menschen, die sie vor rund 800 Jahren anlegten, vor allem eines: Sicherheit. Die unauffälligen Behausungen verschmolzen mit der Landschaft, sodass sie kaum zu entdecken waren. Auf diese Weise boten sie auch Schutz vor dem Mongolensturm im 13. Jahrhundert.
Heute ist dieser Schutz nicht mehr notwendig, weshalb sich zu den traditionellen Tuffbehausungen mittlerweile gewöhnliche kleine Häuser gesellt haben. Sein besonderes Flair hat sich das Bergdorf jedoch bis heute erhalten. Auf steilen Gassen gelangt man bergauf in den Kern der Siedlung, über unzählige Stufen und Leitern führen die Wege kreuz und quer vorbei an den Häusern mit ihren kunterbunt angeordneten Fenstern, Türen und Balkonen. Teilweise erstrecken sich sogar kleine Verbindungsbrücken von Haus zu Haus. Ganz oben bieten die Zwischenräume in den Tuffsteinkegeln und -wänden auch Platz für Eulen und andere Wildtiere.

Schöpfung der Natur

Die Voraussetzungen für die originellen Behausungen schuf ein Ausbruch des heute inaktiven

Vulkans Sahand. Durch die Eruption entstanden Ablagerungen aus Bims- und Tuffgestein, die witterungsbedingt zu Kegeln und Steinwänden erodierten. Da sich das weiche Gestein leicht bearbeiten lässt, stellte die Gestaltung der Wohnräumlichkeiten kein Problem dar. Bims isoliert zudem gut, damit bleibt es in den Höhlenwohnungen leichter und länger warm. Wahrscheinlich sind nicht alle Felskegel nur von Wind und Wetter so eigenwillig geformt worden. Bei manchen haben wohl ihre Bewohner auch Hand angelegt. Aus dieser »Zusammenarbeit« ergaben sich Kunstwerke, die von Natur und Mensch geschaffen wurden.

Ein Dorf geht mit der Zeit

Die Idylle lässt an Wochenenden etwas auf sich warten, wenn vor allem Ausflügler aus dem nahen Täbris in großer Zahl durch die engen Gassen des malerischen Dorfes schlendern. Bevorzugt wird direkt im Bett des Flusses Kandovan gezeltet. Wer auf gewohnten Komfort nicht verzichten möchte, kann in einem Hotelkomplex Quartier nehmen, dessen Unterkünfte den Tuffhäusern des Dorfes nachempfunden wurden. Authentischer erlebt man Kandovan jedoch, wenn man in einem der Häuser schläft, die Übernachtungsgäste aufnehmen. Die Preise für Nächtigungen in den alten Höhlenwohnungen sind gestiegen, deutlich

Die unauffälligen Behausungen boten Schutz vor Feinden (unten). Esel sind auf dem Land nach wie vor willkommene Arbeitstiere (rechte Seite oben).

günstiger sind die moderneren Zubauten. Der wachsende Tourismus bietet der Dorfbevölkerung neue Perspektiven. So können mittlerweile Familien von ihren Einkünften aus kleinen Läden mit regionalen Produkten leben, und auf der gegenüberliegenden Flussseite bieten inzwischen einige Restaurants die übliche Auswahl an Kebabs an. Auch das Angebot in den Läden ist gewachsen, selbst Kochtöpfe und Gaskocher kann man dort erstehen. Die Zunahme des Tourismus verändert zwangsläufig das Stadtbild. In die neuen Häuser, die langsam die alten Höhlenwohnungen ablösen, ziehen die Dorfbewohner jedoch aus praktischen Gründen: Sie sind einfach komfortabler.

Ländliche Schönheit

Kandovan bleibt trotz allem ein authentisches Dorf, dessen Bevölkerung vorwiegend von der Landwirtschaft lebt. Wer schon früh auf den Beinen ist, kann zuschauen, wie sich die Ställe leeren. Vor allem die vielen Esel, die mitten im Dorf gehalten werden, sieht man nur morgens oder spätabends, wenn sie von ihrem Tag auf den fruchtbaren Weiden der Umgebung zurückgekehrt sind. Jeden Tag reiten ihre Besitzer auf ihnen in die höheren Lagen des Sahand-Gebirges, wo die Wiesen auch im Sommer in saftigem Grün erstrahlen. Eine schöne Wanderung führt erst auf Asphaltstraße, dann auf Schotterwegen am Flussbett des Kandovans entlang bergauf. Unterwegs sieht man auf den Weiden große Schafherden. Sie stillen ihren Durst mit dem Wasser des Flusses, dem heilende Kräfte nachgesagt werden. Wer auf der Suche nach Idylle und Abgeschiedenheit ist, wird hier auf jeden Fall fündig. Das Tal weit hinter dem Dorf ist zudem ein wahres Paradies für Wildtiere. Am Rande des Dorfes hat sich in kultivierten Obstgärten eine Kolonie von Bienenfressern angesiedelt, die man mit etwas Glück und vor allem Geduld beobachten kann.

DIE TÜRME MARAGHEHS

130 Kilometer südlich von Täbris liegt Maragheh an den Ausläufern des Sahand-Gebirges. Die berühmten Wahrzeichen der Stadt sind vier sagenumwobene Grabtürme. Zahlreiche Legenden ranken sich darum, wer dort seine Ruhe gefunden hat – bis heute konnte man dieses Geheimnis nicht lüften. Auf einer kleinen Rundfahrt kann man alle vier Türme besichtigen. Schmucklos, aber imposant präsentiert sich der Rote Turm, auf Persisch Gonbad-e Sorkh, aus dem 12. Jahrhundert. Wesentlich auffälliger ist der Blaue Turm mit seinen geometrischen Mustern, die sich um das gesamte Bauwerk ziehen. In direkter Nachbarschaft steht der Runde Turm, besonders ungewöhnlich ist der Ghafariyeh-Turm mit seinem blau glasierten Sternenmuster.

WEITERE INFORMATIONEN

Laleh Rocky Hotel: http://www.kandovan.lalehhotels.com/index/index/lang/en

21 Tödlich schön – der Salzsee von Urmia

Eine surreale Landschaft

Die Zeit läuft unerbittlich. Wer den Urmia-Salzsee noch sehen möchte, macht sich besser heute als morgen auf den Weg. Der größte Binnensee des Iran ist gerade dabei, sich in Luft aufzulösen – viel Wasser ist nicht mehr übrig. Damit verschwindet nicht nur ein landschaftliches Extrem voll surrealer Schönheit, sondern auch die Lebensgrundlage für Millionen von Menschen.

Dort, wo noch vor wenigen Jahren das Seeufer verlief, breitet sich heute eine Wüste aus Salz und Sand aus. Wasser zu finden ist heute schon eine Herausforderung. Am ehesten gelingt das noch an der nordwestlichen Seite des Urmia-Sees, nicht weit von der gleichnamigen Stadt entfernt. Ein markanter Fels, der heute allenfalls vom Wasser benetzt wird, als dass er eine Insel darstellt, ist immer noch Anlaufstelle für viele iranische Ausflügler. Doch wer weiß, wie lange das noch so sein wird. Warum der See so beliebt ist, zeigt sich schon auf den ersten Blick. Für Salzseen typisch, besticht er durch seine schier unwirkliche Schönheit, die von zwei Farben bestimmt wird: vom gleißenden Weiß des Salzes und dem Blau des Himmels, das sich im glasklaren Salzwasser spiegelt. Wenn man sich erst einmal den Weg zum Wasser gebahnt hat, kann man sich der Schönheit dieser absolut kargen und lebensfeindlichen Landschaft kaum entziehen. Diese Faszination kann weder das Salz mindern, das sich langsam durch das Schuhwerk frisst, noch die vereinzelten verendeten Vögel auf dem Salzteppich, der in reinstem Weiß erstrahlt und dessen Schönheit doch tödlich ist.

Am Sterbebett

Der Tod ist zu einem ständigen Begleiter des Sees geworden. Das blühende Leben hat er

Das Wasser zieht sich immer mehr zurück und hinterlässt nur Salz (rechte Seite oben). Besonders im Nordwesten des Sees gibt es noch die besten Möglichkeiten, Wasser zu erblicken (unten).

noch nie verkörpert, doch ist er Lebensraum eines Salzwasserkrebses, von dem sich unzählige Zugvögel ernährten. Doch auch für diese Fauna ist es jetzt vorbei. Der See trocknet unaufhaltsam aus und hat in einer äußerst kurzen Zeitspanne bereits 80 Prozent seiner Fläche eingebüßt. Dadurch ist sein Salzgehalt so angestiegen, dass er mittlerweile den des Toten Meeres um ein Vielfaches übertrifft. Vom salzigsten See der Welt wird in nicht allzu langer Zeit nur noch eine Salzwüste übrig bleiben, und dennoch leben unter diesen extremen Bedingungen in dem Biosphärenreservat rund um den See noch immer Flamingos, Pelikane und andere Vögel. Auf der kleinen Insel Kaboudi ist das Treffen auf Wildschafe und Damhirsche nicht unwahrscheinlich.

Das unaufhaltsame Sterben des Sees bringt die Region aus dem Gleichgewicht und stellt für die ansässige Bevölkerung eine Katastrophe dar: Die Landwirtschaft ist in Gefahr und Jobs in der Tourismusbranche sind kaum noch vorhanden. Wenn der See verschwunden ist, müssen wahrscheinlich Millionen von Menschen ihre Heimat verlassen.

Letzter Rettungsversuch

Einer der größten Salzseen der Welt wartet darauf, gerettet zu werden. An Lösungen wird gearbeitet, aber die Ursachen der verheerenden Lage sind vielfältig. Staudämme wurden gebaut, die Niederschläge gingen massiv zurück, zu viel Wasser wurde für die Landwirtschaft gebraucht und zu wenig Wasser blieb in Folge dem See. Gerade den hohen Wasserverbrauch in der Region rund um den See will man in den Griff bekommen. Hierfür wurden beispielsweise Anleitungen für landwirtschaftliche Betriebe entwickelt, deren Probleme sich bei einer Fahrt durch die Region ganz offen zeigen: Überall ist Ackerland zu sehen, das von einer dichten weißen Salzschicht überzogen ist. Maßnahmen müssen sofort greifen, sonst kann es für den Urmia-Salzsee zu spät sein.

URMIA UND HASANLU

Übernachtungsmöglichkeiten in Seenähe findet man auf jeden Fall in Urmia. Die Hauptstadt der Provinz West-Aserbaidschan ist am westlichen Ufer gelegen, von dem eine Brücke quer über den See nach Ost-Aserbaidschan führt. Sehenswürdigkeiten in Urmia sind der Basar sowie der Seh-Gonbad-Grabtur. Am Südende des Salzsees befindet sich neben dem Dorf Hasanlu eine bedeutende Ausgrabungsstätte. Hier fand man unter anderem Relikte aus dem 6. Jahrtausend v. Chr. sowie Gebäudereste aus der mannäischen Zeit im 1. Jahrtausend v. Chr. Die Umrisse der Häuser sind heute noch erkennbar, weil sie mit einer schützenden Lehmschicht verputzt wurden. Einige der Ausgrabungsfunde sind heute im Nationalmuseum in Teheran ausgestellt.

WEITERE INFORMATIONEN

Einen Bericht von Al Jazeera über die Situation am Urmia-See findet man auf Youtube unter dem Titel »Iran scrambles to save Lake Orumiyeh«.

Die doppelschalige Kuppel des Oldjeitu-Mausoleums inspirierte Architekten in Florenz und möglicherweise sogar die Baumeister des Taj Mahal (oben). Auf der betretbaren Außengalerie lohnt sich der Blick nach oben auf die detailreiche Decke (rechte Seite unten).

22 Herrschaftliche Ruhestätte – Soltaniye

Wo die Sultane zuhause sind

Soltaniye ist heute eine kleine, unauffällige Stadt, in der Vergangenheit besaß es jedoch herausragende Bedeutung. Obwohl die »kaiserliche Stadt« zu einem großen Teil zerstört wurde, beherbergt sie heute noch immer eines der großartigsten Bauwerke Irans: das Oldjeitu-Mausoleum. Das Monument wurde für die Ewigkeit geschaffen und gehört eute zum UNESCO-Weltkulturerbe.

Soltaniye – der Name der Stadt zeigt, dass hier einst Sultane residierten. Der Herrschertitel »Sultan« bedeutet »Stärke«, und offensichtlich war es für die Herrscher von entscheidender Bedeutung, diese Stärke selbst über den Tod hinaus auszustrahlen. Dem Oldjetu-Mausoleum gelingt dies tatsächlich noch heute. So unbedeutend Soltaniye auch im Verlauf der Jahrhunderte geworden ist, so beeindruckend ist dieses Meisterwerk der islamischen Architektur des Mittelalters geblieben. Errichtet wurde das Mausoleum Anfang des 14. Jahrhunderts, als Soltaniye die Hauptstadt der Ilchaniden unter Sultan Oldjeitu war. Der Herrscher führte der Überlieferung zufolge ein bewegtes Leben. Einer Legende nach soll er ursprünglich ein Christ gewesen sein, eine Zeit lang mit dem Buddhismus geliebäugelt und sich schließlich zum Islam bekannt haben, wobei er zwischen der sunnitischen und schiitischen Glaubensrichtung schwankte. Unter Oldjeitu, der einen Prachtbau nach dem anderen in Auftrag gab, erstrahlte Soltaniye. Die Blüte der Stadt fand jedoch ein jähes Ende, als Timur die Stadt 1384 eroberte und sein Sohn Mirza sie in Schutt und Asche legte.

Ein Bauwerk inspiriert die Welt

Welche Wirkung musste das Mausoleum im 14. Jahrhundert auf seine Betrachter erzielt haben, wenn es auch heute noch trotz der erlittenen Zerstörungen allen Grund zum

Staunen liefert? Das riesige Bauwerk wird von einer mächtigen doppelschaligen Kuppel überwölbt. Diese diente wahrscheinlich als Vorbild für die Kuppel der Kathedrale Santa Maria del Fiore in Florenz, der ersten aus zwei Schalen konstruierten Kuppel in Europa. Möglicherweise inspirierte das Oldjetu-Mausoleum auch die Architektur des Taj Mahal. Dass die Herrscher des muslimischen Mogulreichs in Indien gerne einmal einen Blick nach Persien warfen, ist jedenfalls unbestritten.

Erfolgreiche Restauration

Das Mausoleum steht im ehemaligen Palastbezirk innerhalb der ursprünglichen Zitadelle. Davon sind lediglich ein paar wenige Überreste zu sehen, allerdings sind die großartigen Restaurationsarbeiten, die auch das Hamam des Palastbezirkes miteinschließen, noch nicht beendet. Im Fokus der Arbeiten steht aber ohne Zweifel seit Jahren die Renovierung des Mausoleums, das von außen bereits in neuer Pracht erstrahlt. Deutlich wird der Fortschritt der Arbeiten vor allem im Vergleich mit alten Fotos, auf denen man sieht, wie verfallen der Grabturm bereits war. Nachvollziehen kann man die Leistung der Restaurateure in einer Ausstellung im Inneren des Monuments.
Die beeindruckenden Dimensionen des Gebäudes lassen sich nur vor Ort in ihrem ganzen Ausmaß fassen. Allerdings wird der Blick in die Höhe im Inneren des Kuppelbaus durch ein riesiges Gerüst gestört, das wohl noch länger dort stehen wird. Aber das kennt man ja auch von anderen großartigen Bauwerken der Geschichte – beispielsweise der Hagia Sophia.
Istanbuls Wahrzeichen übertrifft das Oldjetu-Mausoleum, dessen Kuppel eine Höhe von 51 Metern und einen Durchmesser von 25 Metern aufweist, nur um wenige Meter. Im Gegensatz zu den Goldtönen der Hagia Sophia dominieren im Oldjetu-Mausoleum jedoch Blautöne. Sie bestimmen die vielen geometrischen und floralen Muster, die die Innenwände des Kuppelsaals schmücken. Auch hier werden die Restaurationsarbeiten die ornamentale Pracht wieder zur vollen Geltung bringen.

SOLTANIYE ERKUNDEN

Von der Außengalerie des Mausoleums reicht der schöne Blick über die ganze Stadt. Von dort erspäht man auch die unverkennbare türkisfarbene Kuppel der Grabstätte von Molla Hassan Kashi. Der Poet und Geistliche war ein Zeitgenosse von Oldjeitu, sein kleines Mausoleum wurde jedoch erst im 16. Jahrhundert errichtet. Das Bauwerk ist außerhalb von Soltaniye gelegen und einen Besuch wert. Weitere Sehenswürdigkeiten sind auf dem Stadtplan eingezeichnet, den man im Oldjeitu-Mausoleum erhält. Die Karte weist einen unter anderem den Weg zu einem antiken Siedlungshügel (Tepe) und zum Mausoleum des Sultans Chalebi Oghlu aus dem 14. Jahrhundert. Die Stadt zeigt sich überaus bemüht, den Tourismus anzukurbeln. Angesichts ihres kulturellen Erbes und ihrer leichten Erreichbarkeit wird das sicher gelingen.

WEITERE INFORMATIONEN

Eintritt: 150 000 Rial
Entscheidung der UNESCO:
http://whc.unesco.org/en/list/1188

23 Faszinierende Kultstätte – Tacht-i Suleiman

Die Mystik der Natur

Inmitten einer von Bergen und Äckern geprägten Landschaft erstreckt sich auf einem Plateau eine alte Befestigungs- und Feuertempelanlage. Der Ort hat die Menschen über viele Jahrhunderte hinweg fasziniert. Die überragende religiöse und architektonische Bedeutung der Kultstätte hat die UNESCO dazu veranlasst, Tacht-i Suleiman im Jahr 2003 zum Weltkulturerbe zu ernennen.

Nicht selten ist es die Natur, die die Menschen inspiriert, große Kultstätten zu errichten. So ist es auch aus heutiger Sicht noch verständlich, dass gerade diese rund 30 Kilometer nordöstlich von Takab gelegene Ebene als Standort für den Tacht-i Suleiman gewählt wurde. Ein tiefblauer Quellsee zieht hier alle Blicke auf sich, und vom einstigen Vulkanismus in der Region zeugen warme Quellen. Nur drei Kilometer von Tacht-i Suleiman entfernt ragt der erloschene Vulkan Zendan-e Suleiman auf, auf dessen rund 1000 Meter hohem Gipfel Reste von Tempelanlagen gefunden wurden. Schon in mittelalterlichen Chroniken gibt es immer wieder Verweise auf den magisch wirkenden Ort. Die stete Anziehungskraft, die die gesamte Ebene über einen langen Zeitraum hinweg auf Menschen ausübte, zeigt sich jedoch vor allem durch die jahrhundertealten Bauwerke, auf deren Relikte man heute noch stößt: ein zoroastrischer Feuertempel, ein sassanidischer Palast und eine ein Kilometer lange Befestigungsmauer, die im Oval die gesamte Anlage umfasst.

Ein zoroastrisches Heiligtum

Unter den Sassaniden, die vom 3. bis in das 7. Jahrhundert das persische Großreich regierten, war der Zoroastrismus die dominierende Religion. Er übte wesentlichen Einfluss auf die

Wenige Kilometer hinter dem Quellsee ragt der Vulkan Zendan-e Sulaiman auf, der möglicherweise auch Ort einer Kultstätte war (unten). Rund um den Quellsee wurden eine sassanidische Palastanlage und ein Feuertempel angelegt (rechte Seite oben).

späteren monotheistischen Religionen Christentum und Islam aus und hinterließ seine Spuren auch in der muslimischen Architektur. Heute besitzt dieser alte Glaube nur noch wenige Anhänger, und viele seiner Tempel wurden im Lauf der Jahrhunderte zerstört.
Tacht-i Suleiman ist jedoch ein eindrucksvolles Zeugnis der ehemaligen Vormachtstellung dieser alten Religion. Die Tempelanlage aus dem 6. Jahrhundert war einer der zentralen Reichsfeuertempel, die Kultstätte eines der drei ewigen und bedeutendsten Feuer der Krieger und Könige. Dies lässt sich auch anhand zoroastrischer Texte aus dem Mittelalter nachvollziehen, die immer wieder auf dieses Heiligtum Bezug nehmen.

Forschungsergebnisse zur Baugeschichte

Die lange Geschichte der Kultstätte ist noch nicht umfassend erforscht, dennoch können wesentliche Aussagen getroffen werden. Nachdem Henry Rawlinson im 19. Jahrhundert zu ersten wichtigen Erkenntnisse gekommen war, intensivierte sich die Forschung in den 1930er-Jahren. Es konnte nachgewiesen werden, dass das Plateau des Tacht-i Suleiman bereits in achämenidischer Zeit zwischen dem 6. und 4. Jahrhundert v. Chr. besiedelt gewesen war. Im Partherreich des 1. und 2. Jahrhunderts n. Chr. wurde eine kleine Festung errichtet und im Sassanidenreich ersetzte man die Lehmziegelbauten der Anlage nach und nach durch Steinbauten. Das war auch bei der großen Befestigungsmauer der Fall. Die Teile der Lehmziegelarchitektur, die partiell erhalten blieben, sind heute nur schwer zugänglich. Zum einen wurde das Baumaterial nach sassanidischer Herrschaft einfach abgetragen und weiterverwendet, zum anderen hat sich im Lauf der Jahrhunderte eine Sedimentschicht aus Kalk darüber gelegt. Vor Ort sind heute noch die sassanidischen Palastüberreste zu sehen.

KRATERLANDSCHAFT

Den sehr abgelegenen Tacht-i Suleiman erreicht man nur mit einem eigenen Fahrzeug oder einem Taxi. Öffentliche Verkehrsmittel werden hier nicht weiterhelfen. Wer die Kultstätte besucht, kann die Gelegenheit auch gleich für eine Wanderung in die umliegenden Kraterlandschaft von Berenjeh nutzen. Sie erreicht man über die Straße Richtung Dandi, auf der man nach gut vier Kilometern nach Baba Nazar abbiegt. Nach weiteren 8,5 Kilometern gelangt man zu dem kleinen Dorf Berenjeh. Von dort aus kann man zu mehreren Kratern wandern. Der größte und eindrucksvollste ist 80 Meter tief und mit einem See gefüllt. Die Wanderung hat einen leichten Schwierigkeitsgrad. Für einen Rundgang, der alle Krater umfasst, sind um die drei Stunden einzuplanen.

WEITERE INFORMATIONEN

Zwei der Krater sind auf Satellitenaufnahmen mit folgenden Koordinaten gut zu erkennen: 36°54′57″/47°19′14″.

Der Westen

Kulturelle Vielfalt und antikes Erbe

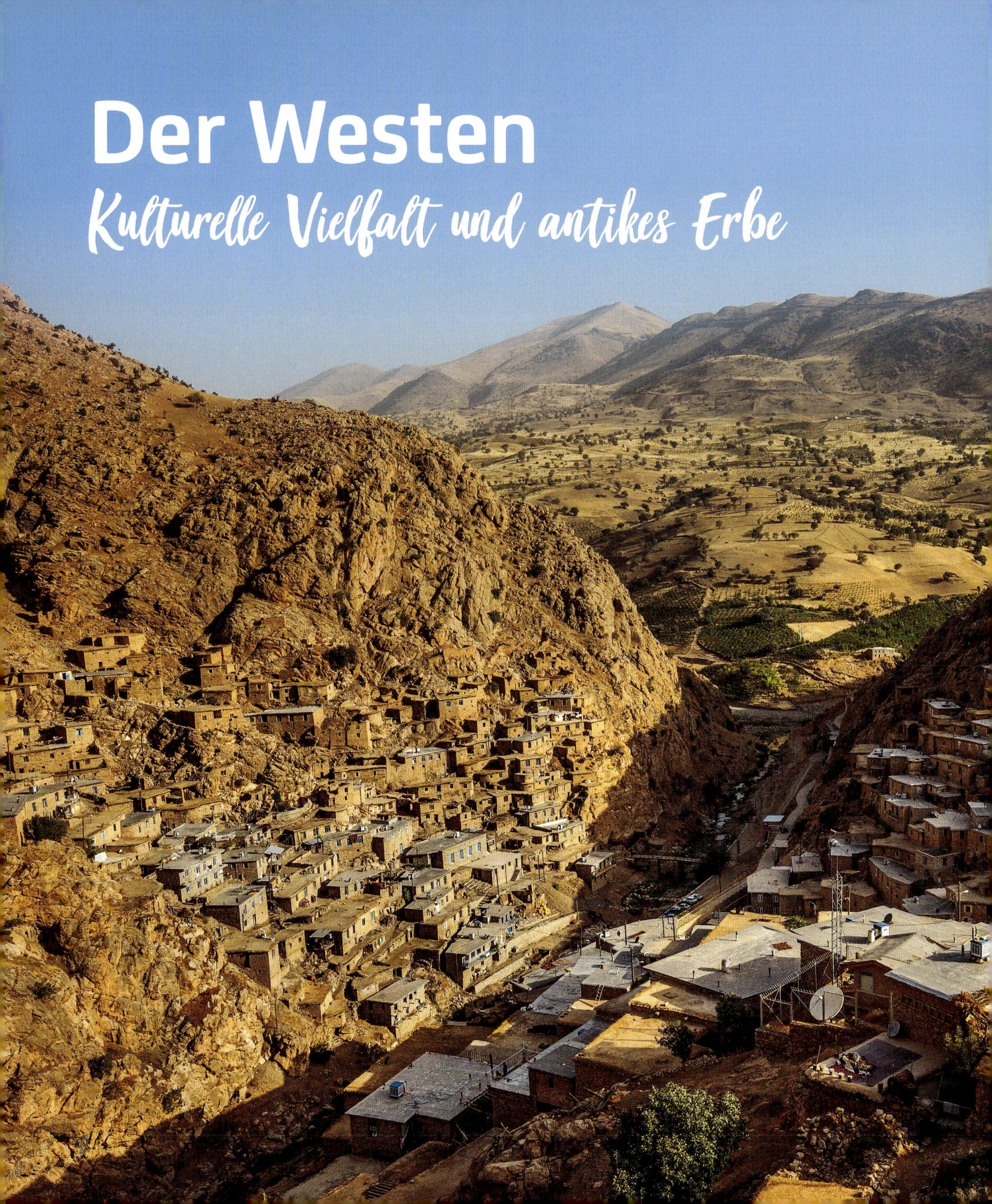

Das kurdische Dorf Palangan verteilt sich auf drei Berghänge (links). In den Bergdörfern gibt es viele Ziegenhirten (oben). Auf dem Relief in Taq-e Bostan erhält König Ardashir II. den Ring der Macht von Ahura Mazda (unten).

Kuh-e Hogalak 3171
Najaf Abad
Bijar
Zarrin Abad
Ab Garm
Bu'in
Shirin Su
Avaj
Marivan
Hoseyn Abad
Duisaj
Razan
Ali-Sadr-Höhle
Sanandadsch
Dehgolan
Gol Tappeh
Kabud Rahang
Nowbaran
24 HAWRAMAN
Nowsud
Qorveh
Kurigan
Saveh
Paveh
25
Saleh Abad
Bahar
Gave Rud
PALANGAN
Asan Abad
Hamadan
Kamyaran
Sonqor
Javanrub
Komejan
Tafresh
3271
Tuysarkan
Sar-e-Pol-e-Sahab
Kuzaran
Diz Abad
TAQ-E BOSTAN
Kangavar
Saruq
Gakiye
27
26 BISOTUN
Kermanshah
Malayer
Harsin
Firuz Abad
Samen
Ebrahim Abad
Nahavand
Eslam Abad
Nur Abad
Kuh-e Garin 3638
Arak
Shazand
Borujerd
Sumar
Shah Bodagh
Khomeyn
Chaghalvandi
Sarab Dowreh
Kalak
Lumar
Dorud
Kuh-e Vaccarin 2900
Kuhdasht
Azna
Aligudarz
Ab-e Seymareh
Khorramabad
Oshtoran Kuh 4328
Abhar-e Bala
Khonsar
Sepit Dash
Malavi
Mehran
Sarape Jahangir
Darreh Tank
Daran
Nasiriyan
Cham Kabud
Pol-e Zal
Rud-e Dez
Kuh-e Garbos 4294
Dehloran
Shur Ab
Andimeschk
Dezful
Lali
Eyn Kush
Zagros-Gebirge
31 BACHTIAREN IM ZAGROS-GEBIRGE
I R A K
Fakkeh
SUSA 30
Haft Tepe
SCHUSCHTAR 28
Duran
29 TSCHOGHA ZANBIL
Masjed Soleyman
Rud-e Karun
Izeh
N
0
100 km
Bostan
Bag-e Malek
Haftgel

Das bachtiarische Bergdorf Sar Agha Seyed liegt mitten im Zagros-Gebirge. Es gehört zu den schönsten Dörfern des Landes.

Reiseroute durch atemberaubende Landschaften

Der Reiz einer Reise durch den Westen liegt in der Abwechslung. Nur hier lassen sich in Kombination die umwerfende Landschaft Kurdistans, die schöne Bahnstrecke von Andimeschk nach Dorud und archäologische Fundstätten von Weltruhm entdecken, die vor allem das eindrucksvolle Erbe des antiken Reiches von Elam vor Augen führen.

Die Route beginnt in der Provinzhauptstadt Sanandadsch, die noch ohne Weiteres öffentlich mit dem Bus erreichbar ist. Die Stadt hat zwar außer einem Museum für kurdische Kultur nicht sonderlich viel zu bieten, ist aber ein hervorragender Ausgangspunkt für eine Reise zu den malerischen Bergdörfern Kurdistans. Zwei echte Perlen unter diesen vielen Siedlungen sind Hawraman Takht und Palangan, der Transport dorthin gestaltet sich allerdings schwierig. Wer hier mit einem privaten Fahrer oder sogar mit dem eigenen Auto unterwegs ist, ist klar im Vorteil. Taxis können von Sanandadsch aus organisiert werden, Unterkünfte sind aber rar gesät. Am besten mieten sich Reisende private Häuser oder Zimmer in Hawraman Takht und Palangan. Die nächste größere Stadt im Süden ist bereits die Provinzhauptstadt Kermanschah. Sie ist vor allem wegen der nur vier Kilometer entfernten sassanidischen Grotten von Taq-e Bostan bekannt. Auf der langen Fahrt nach Schuschtar liegen zwei weitere Highlights, die einen Stopp lohnen. Nicht weit von Kermanschah findet sich in Bisotun eines der bedeutendsten Felsenreliefs des Landes. Die Stadt Andimeschk wäre unscheinbar, fände sich dort nicht die Möglichkeit, eine Zugfahrt nach Dorud zu unternehmen. Die Zugstrecke ist Bahnliebhabern längst aufgrund ihrer spektakulären Brücken und der malerischen Landschaft ein Begriff und die rund sieben Stunden lange Fahrt erfreut sich bei Reisenden zunehmender Beliebtheit. Der früheste Zug verlässt Andimeschk bereits um 4 Uhr morgens.

Antikes Erbe

Wer weniger Zeit im Gepäck hat, kann von Kermanschah auch direkt nach Schuschtar fahren. Das historische Bewässerungssystem der Stadt ist ein bautechnisches Meisterwerk der Antike. Die arabisch geprägte Provinz Khuzestan verspricht tiefe Einblicke in die antike und sogar prähistorische Geschichte des Landes. Von einer Reise zu den vielen archäologischen Stätten der Provinz ist im Sommer aufgrund der üblichen Hitzewellen aber abzuraten. Doch trotzdem in dieser Zeit das Thermometer über 50 Grad Celsius klettern kann, so führen die Flüsse dennoch Wasser und viele Felder strahlen in sattem Grün. Als einstiger Hauptstadt des antiken Reiches von Elam kommt der nächsten Station, Susa bzw. Schusch, besondere Bedeutung zu. Die Fahrt dorthin kann mit dem Bus zurückgelegt werden. Wer jedoch unterwegs zwei bedeutende archäologische Stätten, das elamische Zikkurat von Tschogha Zanbil und die Ruinenhügel von Haft Tepe, besichtigen möchte, sollte sich ein Taxi mieten. Stopps bei den Sehenswürdigkeiten können problemlos mit dem Fahrer vereinbart werden, bevor es weiter nach Susa/Schusch geht.

Die größte Wasserhöhle der Welt

Die letzte Etappe der Route führt schließlich wieder weit in den Norden nach Hamadan, wo abschließend der seldschukische Grabturm Gonbad-e Alavian besucht und eine Tour zur beliebten Ali-Sadr-Höhle unternommen werden kann. Hamadan selbst ist von der größeren Stadt Dezful öffentlich wesentlich besser zu erreichen als von Schusch aus. Für die Tour zur Tropfsteinhöhle, die sich auch bei iranischen Touristen großer Beliebtheit erfreut, empfiehlt sich ein privates Taxi von Hamadan.

BEEINDRUCKENDE TROPFSTEINHÖHLE

Für die bei iranischen Ausflüglern so beliebte Tropfsteinhöhle in unmittelbarer Nähe des namengebenden Dorfes Ali Sadr ist mehr als der übliche Eintritt fällig. Dafür ist allerding auch eine halbstündige Bootsfahrt im Preis inbegriffen, die quer über einen unterirdischen See und vorbei an beeindruckenden Tropfsteinformationen führt. Für Verstärkung sorgt die touristische Infrastruktur vor Ort mit zahlreichen Imbissläden und Souvenirständen.

WEITERE INFORMATIONEN ZUR ALI-SADR-HÖHLE

Öffnungszeiten: 8–18 Uhr
Eintritt: 700 000 Rial

Das kurdischen Dorf Hawraman-Takht liegt wenige Kilometer von der Landesgrenze zu Irak entfernt (oben). Vom Dorf aus führt eine zuerst asphaltierte Straße durch das Hawraman-Tal (rechte Seite).

24 An der Grenze – Hawraman

Malerische Abgeschiedenheit

In Irans äußerstem Westen liegt in unmittelbarer Nähe zum Irak das zauberhafte Tal Hawraman. Hier faszinieren eine grandiose Berglandschaft und malerische Dörfer, deren kurdische Bewohner sich ihre tradierte Kultur bis heute bewahrt haben. Die Schönheit des abgeschiedenen Gebiets lockt nicht nur Reisende, sondern wird auch in der kurdischen Dichtung besungen. Fast könnte man vergessen, dass die bitter erlittenen Wunden des Krieges noch nicht allzu lange zurückliegen.

Die meisten werden in das kleine kurdische Dorf über die Provinzhauptstadt Sanandadsch kommen. Von dort fährt man Richtung Marivan, nimmt die Abzweigung nach Dezli und folgt der Straße nach Dezli noch weitere 20 Kilometer gen Süden. Einen Katzensprung von der iranisch-irakischen Grenze entfernt führt dann eine unscheinbare Straße nach Hawraman-Takht. Eingekesselt zwischen mächtigen Bergen liegt das malerische kurdische Dorf – eines der vielen im Hawraman-Tal – spektakulär am Hang eines Bergrückens. Der bezaubernde Landstrich kam schon zu literarischen Ehren: Die Schönheit Kurdistans und insbesondere dieser Gebirgsregion besang vor allem der kurdische Poet Abdullah Goran (1904–1962) in seinen Gedichten.

Hawraman liegt im kurdischen Siedlungsgebiet, das sich über Teile Syriens, der Türkei, des Iraks und Irans erstreckt. Etwa ein Drittel der kurdischen Bevölkerung lebt im Iran und dort vorwiegend in den Provinzen Kurdistan und West-Aserbaidschan. Sie blickt auf eine lange Geschichte zurück. Eine – wenn auch sehr umstrittene – These vermutet sogar eine sprachlich-kulturelle Verbindung zwischen dem kurdischen Volk und den antiken Medern, deren Reich im 8. bis 6. Jahrhundert v. Chr. im gebirgigen Grenzgebiet zwischen den heutigen Staaten Iran und Irak lag.

Die traditionell bunte Tracht wird auch von den jungen Mädchen noch getragen (unten). Die Straße durch das Hawraman-Tal führt bis nach Palangan und passiert etliche kurdische Dörfer (rechte Seite oben).

Das Trauma des Krieges

So selbstverständlich, wie sich das Dorf Hawraman-Takht in die Berglandschaft fügt, so selbstverständlich und notwendig ist es für seine Bewohner, ein traditionsbewusstes Leben im Einklang mit der Natur zu führen. Viele Menschen leben hier noch von der Landwirtschaft und vor allem von der Viehzucht. Kleine Betriebe sorgen dafür, dass Dorf und Tal mit allem versorgt werden, was es zum Leben braucht. Auf die Außenwelt ist man kaum angewiesen, und stolz trägt man als Zeichen der kurdischen Identität die traditionelle Kleidung. Die durch die Berge bedingte Abgeschiedenheit des idyllischen Tals wurde durch den traumatisierenden Krieg zwischen Irak und Iran verstärkt, der von 1980 bis 1988 tobte. Er trieb die Menschen Hawramans, die das Tal nicht verlassen durften, an den Rand ihrer Existenz und zwang sie dazu, sich gänzlich selbst zu versorgen. Jahrelang litt die Zivilbevölkerung unter den Grausamkeiten des Krieges und musste tagtäglich um ihr Leben bangen. Im grenznahen Hawraman standen die Menschen gleichsam an vorderster Front, ohne dies jemals gewollt zu haben.

Das Trauma, das der Krieg hinterließ, ist allgegenwärtig. Die jüngere Generation wächst mit den Geschichten über seine Schrecken auf. Der Vater, der freitags zur Moschee ging und bei seiner Rückkehr nur noch die Trümmer seines Hauses und die leblosen Körper seiner Frau und seinder Kinder vorfand, steht für das unsagbare Leid, das die Menschen dieser Region ertragen mussten.

Optimistischer Neuanfang

Der Weg durch das Dorf ist holprig, doch wird die Straße aktuell erneuert. Überall zeugen Baustellen von der Aufbruchsstimmung, die seit wenigen Jahren überwiegt. Die Menschen blicken zunehmend optimistisch in die Zukunft, auch wenn jetzt in den Nachbarländern Mord und Totschlag herrscht. Doch hier ist der Krieg und all das Leid, das er über die Region brachte, bereits Geschichte. Man ist bereit, einen Neuanfang zu wagen, auch wenn die Nachkriegsjahre alles andere als leicht waren. Die Menschen, die zwischen den Bergen eingekesselt leben, waren auf sich allein gestellt und litten lange Jahre unter Entbehrungen. Sie konnten ihre zerstörten Häuser nur mit den Baumaterialen reparieren, die sie vor Ort fanden, und sich nur mit dem versorgen, was die Natur ihres Tals hergab.

Heute ist die selbstbewusste kurdische Bevölkerung stolz auf ihre Autarkie, die zum Erkennungsmerkmal des Tals geworden ist. Die Menschen haben sich das nötige Know-how für ein unabhängiges Leben angeeignet und stehen besser da als je zuvor. Wenn es sein muss, gibt es nichts, was sie nicht auch ohne fremde Hilfe bewerkstelligen könnten. Sie können verblüffende Geschichten über ihre Eigenständigkeit erzählen, beispielsweise von Autos, die in der tiefen Schlucht im Graben gelandet waren und allein durch die vereinte Kraft der Menschen ohne Hilfe von Maschinen wieder herausgezogen wurden. Und auch heute kann es passieren, dass ein Fahrzeug, das in einer tiefen Grube steckt, mir nichts, dir nichts wortlos von ein paar Männern herausgezogen wird, die nach verrichteter Hilfe sang- und klanglos wieder verschwinden.

Der Fluss weist den Weg

Eine der mit Abstand spektakulärsten Straßen des Landes führt von Hawraman-Takht durch das Tal bis zu dem hübschen Dorf Palangan. Allerdings sollte man sich für die knapp 80 Kilometer lange Strecke zwischen den beiden kurdischen Siedlungen reichlich Zeit nehmen, denn nur ein winziger Abschnitt der Route ist asphaltiert. An der Verlängerung der Straße wird zwar derzeit gearbeitet, doch ist die Strecke, die parallel zum Flussbett des Sirwans von Dorf zu Dorf führt, noch sehr holprig. Die Fahrt auf der Schotterpiste ist zwar beschwerlich, führt jedoch durch eine einmalig schöne Landschaft mit vielen malerischen Dörfern. Rund 10 000 Menschen leben Schätzungen zufolge im Hawraman-Tal. In dem abgeschiedenen Gebiet trägt man nicht nur eine typische Tracht mit den für Männer charakteristischen Pumphosen und farbenfrohen Kleidern und Tüchern für die Frauen, sondern spricht mit dem Hawrami auch einen eigenen Dialekt der kurdischen Sprache Gorani – eine weitere Besonderheit dieser Region. Wer sich für diese Region entscheidet, erlebt damit ein ganz anderes kulturelles Erbe des Landes.

RICHTUNG IRAK

Der landschaftliche Reiz der Region macht vor Landesgrenzen nicht halt, und so führt neben der Schotterpiste nach Palangan noch eine zweite großartige Panoramaroute durch das Gebiet. Sie erreicht man, wenn man von der oben beschriebenen Straße von Dezli nicht nach Hawraman abbiegt, sondern parallel zur Grenze über die Stadt Nowsud nach Paveh und von dort nach Kermanschah weiterfährt. Besonders auf dem Streckenabschnitt zwischen Nowsud und Paveh ist die Straße sehr kurvenreich und eindrucksvoll. Unterwegs reicht der Blick streckenweise bis in den benachbarten Irak. Fotografieren ist hier strengstens verboten, und es ist auch nachdrücklich davon abzuraten, eine Kamera auch nur in der Hand zu halten. Wer sich daran hält, kommt jedoch auf der Straße durchwegs problemlos voran, wenngleich man sich vor der Fahrt stets über die aktuellen politischen Entwicklungen auf dem Laufenden halten sollte.

WEITERE INFORMATIONEN

Informationen zu Nächtigungsmöglichkeiten in Bergdörfern:
www.inextenso.at/iran/unterkuenfte-in-bergdoerfern

25 Kurdische Traditionen – Palangan

Über Stock und Stein

Im Iran sind kurdische Dörfer für ihre Schönheit bekannt – der äußerste Westen des Landes erfreut sich als touristisches Ziel zunehmender Beliebtheit. Ein besonders malerisches Dorf ist Palangan, das sich am Ufer des Sirwans an drei Berghänge schmiegt. Hier kann man kurdische Gastfreundschaft hautnah erleben und kulturelle Traditionen kennenlernen.

Kurdische Dörfer können unglaublich malerisch sein, und in iranischen Foren und auf Websites schwärmt man schon lange von der Schönheit der Region im äußersten Westen des Landes. Unter den pittoresken Bergdörfern der Provinz Kurdistan gehört Palangan zu den bekanntesten Zielen. Beinahe hat es den Anschein, als machte die Moderne punktgenau am Rand des Dorfes halt. Keine asphaltierte Straße führt in das hübsche Herz der Siedlung am Sirwan. Hier heißt es zu Fuß gehen, auch wenn Einheimische schon einmal mit dem Auto entlang des holprigen Grabens durch das Dorf und iranische Touristen mit großen Jeeps ein Stück im Flussbett zu einer extra angelegten Picknickstelle hinter der Siedlung fahren. Allerdings kann es vorkommen, dass in dem nahezu trockenen Flussbett eine riesige Ziegenherde dem Vorhaben der flotten Ausflügler einen Strich durch die Rechnung macht. Dann gibt es für die Jeeps kein Vor und Zurück mehr. Sie stecken zwischen den Tieren fest, die sich auch durch lautes Hupen weder beeindrucken noch verscheuchen lassen.

Aber auch wenn man erst gar nicht auf die Idee kommt, mit einem Wagen durch das Flussbett zu fahren, bleiben die Wege durch Palangan beschwerlich. Doch es lohnt sich, die Siedlung an den drei Berghängen zu erkundigen. Jede Stufe höher und jedes Hausdach weiter eröffnet sich ein neuer einmalig schöner Blick. Angesichts der vielen engen Gassen und

Die flachen Dächer der Häuser werden als Terrasse genutzt (unten). Einige Bewohner arbeiten als Ziegenhirten, die diese riesige Herde auch durch das Dorf treiben (rechte Seite).

Durch Palangan führen mühsame Wege die Berghänge hinauf (unten).Die Kinder der Ziegenhirten helfen mit (ganz unten). Im Iran wird Gastfreundschaft immer wieder aufs Neue unter Beweis gestellt (rechte Seite oben).

nicht immer leicht zu erkennenden Stufen sind Irrläufe garantiert, aber gerade die eigenwillige Anordnung der Häuser macht den Reiz des Dorfes aus. Wer sich voller Anstrengung auf und ab plagt, ist vielleicht beruhigt, dass sich die Ochsen und Esel des Dorfs auf den steilen Wegen nicht weniger abmühen. Diese mühsamen Wege durch das Dorf sind den meisten traditionellen, kurdischen Dörfern des Tals gemein.

Lebendige Tradition

Doch unabhängig davon, wo einen ein Spaziergang in Palangan letztlich hinführt, trifft man überall auf strahlende Gesichter. Die Einheimischen sind stolz auf ihr Dorf und ihre Traditionen. Dazu gehört auch die typische kurdische Tracht, die insbesondere an Freitagen aus dem Schrank geholt wird und nicht nur schön, sondern auch zweckmäßig ist. Der Schnitt der Kleidung ermöglicht, dass jede Arbeit damit verrichtet werden kann. Und der robuste Stoff, aus dem sie angefertigt wurde, hält jeder Belastung stand. Die weite Pumphose und der dazugehörige Gürtelschal um die Taille sind immer noch Alltagskleidung und werden die ganze Woche über getragen. Der Gürtelschal ist bei den Männern doppelt so lang wie bei den Frauen und gehört zum stimmigen Gesamtbild wie der Turban und die pastak genannte Weste. Seltener sind jedoch die kolabal genannten festen Felljacken mit den hornähnlichen Schulterenden zu sehen.

In Palangan wird die kurdische Tracht in ihrer gesamten Bandbreite vor allem noch von den älteren Männer getragen. Doch auch die traditionelle Kleidung der Kurdinnen wird selbst noch von den jüngsten Dorfbewohnerinnen geschätzt. Sie zeigt sich in leuchtend hellen Farben bei jüngeren und in gedeckten dunkleren Farben bei den älteren Frauen. Über dem Kleid wird ähnlich wie bei den Männern in der Regel noch eine Weste und für die tägliche Arbeit altersunabhängig eine Pumphose getragen. Regelmäßig stattet ein fahrender Händler mit seinem kleinen Lastwagen Palangan einen Besuch ab. Dann werden die neuesten Kleider, Westen und Tücher in allen Farben zum Kauf angeboten. Interessierte Frauen des Dorfes nehmen die vom Händler gepriesene Ware genau unter die Lupe, beraten einander und probieren sie an, bis sie schließlich ihre Entscheidung treffen.

Dass die jüngere Generation teilweise schon etwas moderner gekleidet ist, soll nicht heißen, dass ihre kurdische Identität weniger stark ausgeprägt wäre.

Eine Herde zieht ihre Bahnen

Zur traditionellen Lebensweise in Palangan gehört auch die Landwirtschaft – allem voran die riesige Ziegenherde, die sich jeden Morgen auf den langen Marsch zu den fruchtbaren Weiden aufmacht und allabendlich wieder in die Ställe des Dorfs zurückkehrt. Es ist ein beeindruckender Anblick, wenn man die vielen hundert Tiere im und am Dorf vorbeiziehen sieht. Begleitet werden sie von Frauen und Männern, die sich mit dem Ziegenhüten ihren Lebensunterhalt verdienen. Viel ist es nicht, gerade einmal das Allernötigste zum Überleben bekommt die Ziegenhirtin Sarina von ihrem Arbeitgeber, dem Besitzer der großen Viehherde. Seitdem sie ein kleines Mädchen war, lebt sie Tag für Tag mit den Ziegen. Mehrheitlich kümmern sich Frauen und Kinder um das Wohlergehen der Tiere, und jedes einzelne will versorgt sein. Die Arbeit ist hart und die Sonne unerbittlich, und doch sind alle mit vollem Eifer bei der Sache. Wie so häufig, wenn Mensch und Tier so eng zusammenleben, ist eine große Verbundenheit zwischen beiden spürbar. Weniger begeistert zeigen sich die Ziegen allerdings, wenn sie gemolken werden müssen. Besonders den Kindern entwischt dann schon einmal das eine oder andere Tier.

Kurdische Gastfreundschaft

Dass es in Iran selbstverständlich ist, Gäste willkommen zu heißen und ihnen die größtmögliche Gastfreundschaft zu erweisen, wird zunehmend auch von westlichen Ohren vernommen. Die kurdische Bevölkerung steht der Herzlichkeit in nichts nach – ganz im Gegenteil sind viele davon überzeugt, dass die kurdische Gastfreundschaft noch weit über die iranische hinausgeht. Palangan stellt hier keine Ausnahme dar. Wenn sich die Menschen hier entscheiden, Fremde einzuladen, dann teilen sie mit ihnen von Brot bis Bett alles, was sie haben. Dabei scheint die Bereitschaft zu teilen nur noch größer zu werden, je weniger die Menschen besitzen. Sarina, die Ziegenhirtin, und ihr Mann gehören zu diesen Menschen. Großzügig teilen sie ihr Abendessen mit Gästen. Etwas Käse, Fladenbrot, das Joghurt-Getränk dugh und Tee mit möglichst viel Zucker reichen, um einen schönen Abend zu verbringen und nette Gespräche zu führen, sofern die sprachlichen Barrieren überwunden werden können. So überwältigend freundlich serviert, schmeckt der dugh auch denjenigen, die im Gegensatz zu 99 Prozent der Bevölkerung des Landes von dem iranischen Nationalgetränk nicht so ganz überzeugt sind.

MUSEUM IN SANANDADSCH

Sanandadsch ist die Hauptstadt der Provinz Kurdistan und ein guter Ausgangspunkt für Ausflüge in die umliegenden kurdischen Dörfer. Darüber hinaus bietet die Stadt mit knapp 400 000 vorwiegend kurdischen Einwohnern einen guten Einblick in die kurdische Kultur – unter anderem im ethnografischen Museum Asef Mansion. In dem prächtigen Gebäude mit dem schönen Innenhof werden beispielsweise Trachten gezeigt und anhand von Exponaten der traditionelle kurdische Alltag dargestellt. Sehenswert sind in Sanandadsch auch die Freitagsmoschee und das Sanandadsch-Museum mit seinen archäologischen Ausstellungsstücken.

WEITERE INFORMATIONEN

Öffnungszeiten Museum: 9–12 Uhr und 16–19 Uhr im Sommer, 8–12 Uhr und 15–17 Uhr Winter, Montag geschlossen

Das bedeutende Relief wurde in mehr als 70 Meter Höhe in den Fels geschlagen.

26 Ort der Götter – Bisotun

Ein Relief zum Ruhm des Herrschers

Bisotun ist ein Dorf in der Nähe von Kermanschah. Der dortige gleichnamige Fels wurde im Altpersischen Bagastana genannt: »Ort der Götter«. Die mit Reliefs und Inschriften versehene Stätte gehört seit 2006 zum UNESCO-Welterbe.

Bei Bisotun prangt an einem Felsmassiv in 70 Meter Höhe eines der bedeutendsten Reliefs des Landes. Der achämenidische Herrscher Darius I. gab es um 520 v. Chr. in Auftrag und zeigt seinen Sieg über Gaumata. Der Herrscher hat einen Fuß auf den am Boden liegenden Erzfeind gestellt und hebt die Hand zu seinem Schutzgeist Fravahar. Aneinandergekettete Kriegsgefangene stehen in einer Reihe hinter dem bezwungenen Gaumata, zwei Leibwachen hinter Darius. Zu der Szene gehört ein Inschriftenfeld mit einer Tafel, auf der Darius seinen Sieg auf Altpersisch, Elamisch und Neubabylonisch verkünden ließ. Die in Stein gehauene Kundgabe diente Darius als Herrschaftslegitimation und listet alle Länder auf, die seiner Gewalt unterstanden. Mithilfe dieser dreisprachigen Inschriftentafel konnte letztendlich die Keilschrift entziffert werden – ein unglaublicher Forschungserfolg. Die Inschrift ist somit ähnlich bedeutend wie der Stein von Rosetta, der die Entzifferung der ägyptischen Hieroglyphen ermöglichte.

Mehr als nur ein Relief

Neben der Hauptattraktion des Areals, die übrigens nur von der Weite aus betrachtet werden kann, gibt es noch anderes zu entdecken. Für kulturhistorisch interessierte Reisende bietet Bisotun zudem eine Herkulesfigur von 200 v. Chr., zwei weitere parthische Reliefs sowie zwei Karawansereien. In unmittelbarer Nähe zum Besichtigungsgelände befindet sich das Forschungszentrum, welches auch heute bemüht ist, mit neuesten Erkenntnissen über die Geschichte des Landes zu brillieren.

Mit den Reliefs wollten die Sassaniden Denkmäler für die Ewigkeit schaffen.

27 Geschichtsträchtige Grotten – Taq-e Bostan

Ein kunstvolles Ausflugsziel

In den künstlichen Grotten von Taq-e Bostan zeigt sich die hohe Kunstfertigkeit des sassanidischen Reiches. An den Innen- und Außenwänden der Felsenhallen erzählen meisterhafte Reliefs vom Leben seiner Herrscher.

Nur etwa vier Kilometer von Kermanshah entfernt liegt eine ehemalige Gartenanlage der spätantiken sassanidischen Herrscher. Zu dem sogenannten Paradeisos, in dem damals Jagden stattfanden, gehört auch ein künstlich angelegter See. Heute säumen den Eingangsbereich Restaurants, die Kebabs anbieten.

Sassanidische Herrschaftssymbolik

Im Inneren der Anlage liegen zwei unterschiedlich große hallenähnliche Grotten, die vermutlich zwischen 226 und 650 in den Fels geschlagen wurden. An der Hauptwand der großen Grotte prangen zwei prächtige Reliefs. Das untere zeigt einen unbekannten sassanidischen Herrscher zu Pferde, der König der oberen Darstellung konnte als Khosrow II. identifiziert werden. Die Szene schildert Khosrows Investitur, bei der ihm die Göttin Anahita und der Gott Ahura Mazda die Ringe der Macht überreichen. Bei genauer Betrachtung entdeckt man die gejagten Wildschweine und Elefanten, die zum Transport bereitstehen. Im Mittelpunkt der kleinen Grotte sieht man Shapur III. gemeinsam mit seinem Großvater Shapur I., was den Herrschaftsanspruch des jüngeren Königs verdeutlichen soll. Ein kleines Relief neben der Grotte schildert die Investitur König Ardashirs II., der den Ring der Macht von Ahura Mazda erhält.

INFO: Unter Eingabe des Suchbegriffs »Sasanians« auf http://www.metmuseum.org/blogs erfährt man in englischer Sprache mehr über die historischen Hintergründe des sassanidischen Reiches.

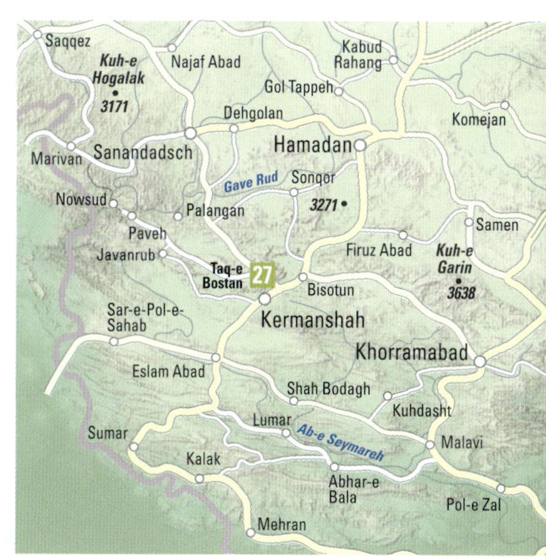

Kulinarische Offenbarungen – die persische Küche

Kulturelle Einflüsse und iranische Besonderheiten

Neben herrschaftlichen Moscheen, Palästen und farbenprächtigen Basaren wohnt auch der Küche des Landes der Zauber des Orients inne. Die Speisen überzeugen durch raffinierte Geschmackserlebnisse, setzen sich aus den feinsten Zutaten zusammen und sind das Ergebnis vieler kultureller Einflüsse.

Wahre Gaumenfreuden sind Fleischgerichte wie Fesendschan (rechts unten) und Zereschk Polo (oben). Allzeit bereit steht natürlich Schwarztee, der meist in den für Iran typischen Gläsern serviert wird (unten). Naschkatzen verwöhnen sich dagegen mit Gaz und Reismehlpudding (rechts oben).

Das breite Angebot an Kräutern, Gewürzen und Früchten, das sich auf Streifzügen durch die Basare entdecken lässt, findet sich geschmacklich perfekt abgestimmt auf dem Teller wieder. Dabei überrascht die Küche nicht selten mit für europäische Sinne ungewohnten Zutatenkombinationen, die Reisende nur zu schnell lieb gewinnen und schließlich auch zu Hause nicht mehr missen möchten. Eine kulinarische Entdeckungsreise durch den Iran lässt alsbald die verschiedenen kulturellen Einflüsse erkennen, die ihre geschmacklichen Spuren hinterlassen haben. So zeigen sich vor allem kaukasische, aber auch indische, türkische, arabische und mediterrane Elemente in den traditionellen Gerichten des Landes. Zurückzuführen ist das natürlich vor allem auf die Rolle der Region als jahrtausendelange Drehscheibe des Handels. Der persische Gaumenschmaus ist jedoch auf keinen Fall nur eine Mischung aus anderen Regional- und Nationalküchen. Die iranische Küche ist einzigartig und unverkennbar im Geschmack, und Unterschiede zu den Nachbarn gibt es zur Genüge. So verzichtet man beispielsweise auf die scharfe Würze Indiens oder auf die klebrige Reiskonsistenz Ostasiens.

Beliebte Zutaten und Gerichte

Aus dem Alltag nicht wegzudenken ist neben den Grundnahrungsmitteln Brot (Nan) und

Reis auch der Schwarztee. Als ständiger Begleiter durch den Tag wird er traditionell in zierlichen Gläsern und mit verschiedenen Zuckerarten serviert. Er ist fixer Bestandteil jeder geselligen Zusammenkunft.
Die persische Küche beschränkt sich meist auf wenige, hochwertige Gewürze – allen voran Safran – und greift oft auf eine Vielzahl frischer und aromatischer Kräuter – darunter Minze, Petersilie, Koriander – zurück, die auf den Basaren in Bündeln gekauft werden können. Auch Früchte kommen zum Einsatz, um den Geschmack abzurunden. Besonders köstlich ist beispielsweise mit karamellisierten Berberitzen und Safran verfeinerter Reis, der gemeinsam mit geschmorten Hühnerkeulen als Zereschk Polo serviert wird. Der Granatapfel hingegen verhilft in Sirupform und in Kombination mit einer Walnusspaste dem allseits geschätzten, oft mit Huhn zubereiteten Gericht Fesendschan seinen unverkennbaren Geschmack.
Generell gehört zu vielen iranischen Gerichten Fleisch, das allerdings eher den Rang einer Zutat einnimmt. Im Gegensatz zu anderen Esskulturen wird Gemüse nicht zur Beilage degradiert und im Vordergrund steht häufig der hervorragend zubereitete Reis. Eine Ausnahme stellt der beliebte Fleischspieß Kabab dar. Er wird bevorzugt aus Lammfleisch zubereitet, aber auch Rinder- und Hühnerfleisch sind üblich. Die persische Küche bietet darüber hinaus allerhand süße Verführungen. Auch hier ist das Beste vom Besten gerade gut genug, zum Einsatz kommen unter anderem Rosenwasser, Safran und Pistazien. Letztere sind in Iran, dem weltweit zweitgrößten Pistazienexporteur, in höchster Qualität erhältlich und werden beispielsweise in der Süßspeise Gaz verwendet.

Perfektion und Restaurantkultur

Im Mittelpunkt der persischen Küche steht der langkörnige und wohlriechende Basmatireis, für den es die unterschiedlichsten Zubereitungsvarianten gibt. Dass Reiskochen in der landesspezifischen Perfektion zu einer wahren Kunst geworden ist, zeigt sich vor allem in der Zubereitung der »Tahdig«. Die goldbraune Bodenkruste verlangt eine aufwendige Zubereitung und hohes Können.
Von der kulinarischen Meisterschaft der persischen Küche ist allerdings in vielen Restaurants des Landes kaum etwas zu spüren. Viele Reisende sind enttäuscht, dass sich das Angebot auf verschiedene Arten von Kababs beschränkt. Wer jedoch von iranischen Familien privat zum Essen eingeladen wird, kann sich meist über eine ganze Palette an unterschiedlichen Gerichten freuen.

Im Fluss Gargar wird bei der Mirzan-Wehr gerne gebadet (oben). Das Bewässerungssystem ist eine bautechnische Meisterleistung aus der Antike (rechte Seite oben). Trotz der heißen Temperaturen in Khuzestan erblickt man in der Provinz auch im Sommer besonders viel Grün (rechte Seite unten).

28 Antikes Know-how – Schuschtar

Fruchtbares Land der Flüsse

In der wasserreichen Provinz Khuzestan kann man Hitzerekorde erleben und tief in die antike Geschichte des Landes abtauchen. Beginnend mit dem Reich Elam vor knapp 5000 Jahren hinterließen in Schuschtar viele Herrscherdynastien ihre Spuren – darunter ein imponierendes, gut erhaltenes antikes Bewässerungssystem.

Es mag verwundern, dass gerade in der oft unerträglich heißen Provinz Khuzestan ganzjährig Wasser in Hülle und Fülle zur Verfügung steht. Aber gerade diesen natürlichen Gegebenheiten ist es zu verdanken, dass sich hier ab dem 3. Jahrtausend v. Chr. das Reich Elam als Persiens früheste Zivilisation entwickeln konnte. Das reiche kulturhistorische Erbe ist der Besuchermagnet der Provinz. Allerdings sollte man in den Sommermonaten hitzetauglich sein, wenn die Temperaturen um die 50 Grad Celsius erreichen und bei einer Hitzewelle sogar weit über 60 Grad Celsius steigen können. Doch trotz der extremen sommerlichen Hitze erstrecken sich in Khuzestan fruchtbare Felder und gibt es Flüsse, die ganzjährig Wasser führen.

Tatsächlich sind die drei großen Flüsse Dez, Karkheh und Karun – der wasserreichste Strom des Landes – die prägenden Elemente der Provinz. Ihnen und einem komplexen Bewässerungssystem ist es zu verdanken, dass in der wüstenhaften Steppe der Region die Landwirtschaft auf eine lange Geschichte zurückblickt. Seit den Zeiten des Reichs Elam, das um 3000 v. Chr. seinen Anfang nahm, bis zur arabischen Eroberung im 7. Jahrhundert war Khuzestan die Kornkammer Mesopotamiens und Persiens.

Gebändigte Wasserkraft

Die antike Stadt Schuschtar wurde bereits zu Zeiten Elams gegründet. Bedeutung gewann sie aber erst wesentlich später unter achämeni-

Die Brücke führt geradewegs zum Imamzadeh-ye-Abdollah-Mausoleum (oben). Die innige Beziehung zwischen den Wasserbüffeln und ihren Herren lassen ein gemeinsames Bad zu (unten). Das Bewässerungssystem liegt mitten in der Altstadt (rechte Seite oben).

discher Herrschaft zwischen dem 6. und 4. Jahrhundert v. Chr. Die Ursprünge der ausgeklügelten Bewässerungssysteme der Stadt reichen wahrscheinlich bis in das 3. Jahrhundert v. Chr. zurück. Unter den Sassaniden wurden die Anlagen durch die Arbeit römischer Kriegsgefangener perfektioniert.
Bis heute prägt vor allem der Damm am Fluss Gargar das Bild der Altstadt. Zu sehen sind zudem viele kleine künstliche Wasserfälle und einige Wassermühlen, die noch immer intakt sind und durch eine Reihe von unterirdischen Tunneln versorgt werden. Insgesamt verbindet die Architektur der Anlagen auf bemerkenswerte Weise das bautechnische Know-how aus Elam, Mesopotamien und dem römischen Reich. Wahrscheinlich wurden sogar Einflüsse der nabatäischen Baukunst, wie sie im jordanischen Petra zu sehen ist, integriert. Schuschtars Bewässerungssystem sicherte nicht nur die Wasserversorgung der Stadt, sondern diente mit seinen Bauwerken auch der Verteidigung. Darüber hinaus kamen Wassermühlen zum Einsatz und wurden Transportwege gebaut. Insgesamt stellte es einen so bedeutenden zivilisatorischen Fortschritt dar, dass es 2009 von der UNESCO zur Welterbestätte erklärt wurde.

Badeparadies mit Einschränkungen

Dank der schmackhaften Datteln, die in ganzen Bündeln verkauft werden, des verführerischen frischen Wassers und der Palmen, die das tief gelegene Ufer des Gargar säumen, schwebt in Schuschtar ein Hauch von Paradies in der Luft. Verstärkt wird der Eindruck, wenn die Iraner im kühlen Nass baden und manch einer sogar von den Felsklippen hinab ins Wasser springt. Gerade in den heißeren Monaten könnte man versucht sein, es ihnen gleichzutun. Ob dies eine gute Idee ist, bleibt fraglich. Zum einen können sich Frauen diesen Gedanken von vorneherein abschminken, denn keine einzige Iranerin kühlt sich hier ab. Das Badevergnügen bleibt in diesem Rahmen den Männern vorbehalten. Außerdem besteht das Risiko, sich mit Bilharziose zu infizieren, die über Parasiten in warmen Binnengewässern übertragen wird. Im Iran sind davon nur Teile der Provinz Khuzestan und der äußerste Süden betroffen.
Doch auch wer gut auf Badetage verzichten kann, wird erleben, dass sich in Schuschtar noch heute wie seit jeher alles um das Leben spendende Nass dreht. Am besten kann man die antike Stadt erkunden, wenn man den

Flussläufen folgt und sich von der malerischen Schlucht des Gargar oder im Norden vom Mirzan-Wehr und der dortigen Aussicht auf das erhöhte Sheikh-Shushtari-Mausoleum beeindrucken lässt. Am Ufer des Karun führt der Weg zu den Überresten der Polband-e Qaysar. Die »Kaiserbrücke« wurde unter den Sassaniden im 3. Jahrhundert n. Chr. von römischen Kriegsgefangenen errichtet und war eine raffinierte Kombination aus Bogenbrücke und Stauwehr. Heute ist von dem Bauwerk nicht mehr viel erhalten, dennoch lohnt der Weg dorthin – vor allem frühmorgens, wenn man am Nordufer bei der Brücke mit etwas Glück zusehen kann, wie mächtige Wasserbüffel in rührender Vertrautheit zusammen mit ihren Herren im Fluss baden.

In der Altstadt

Neben seinem beeindruckenden Bewässerungssystem besitzt Schuschtar noch einige weitere Sehenswürdigkeiten. Die typisch orientalische Altstadt bietet verwinkelte Gassen und Lehmziegelarchitektur, wenn auch nicht in dem Ausmaß anderer Altstädte wie in Yazd oder Kaschan. Viele Gebäude wurden leider nicht instand gehalten.

Einen Besuch lohnen die Überreste der Salasel-Festung, wo man auch mit einer Übersichtskarte für die ganze Stadt ausgestattet wird. Die Baugeschichte der Festung nahm bereits in der achämenidischen Periode ihren Anfang. Ein Rundgang durch die Stadt in Richtung Süden führt schließlich zum Imamzadeh-ye Abdollah. Das Mausoleum stammt vermutlich aus dem 13. Jahrhundert und wird von einem für die Region charakteristischen Zuckerhutdach bekrönt. Vom Imamzadeh-ye Abdollah führt eine schöne Route über eine alte Brücke. Hier fügen sich das hohe Gras und die grünen Wassermassen zu einem besonders harmonischen Bild zusammen.

AUF DER SUCHE NACH ZUCKERHÜTEN

In Schuschtar und in der näheren Umgebung der Stadt lassen sich mehrere Heiligtümer besichtigen, die aufgrund ihrer auffälligen Zuckerhutdächer schon von Weitem erkennbar sind. Die Dächer sind typisch für Khuzestan und ein wahrer Blickfang. Wer sich für Heiligtümer interessiert, ist unter anderem in Susa gut aufgehoben. Dort steht seit dem 12. Jahrhundert ein Mausoleum des Propheten Daniel, der im jüdischen und islamischen Glauben gleichermaßen als Heiliger verehrt wird. Besonders sehenswert ist auch das Imamzadeh-ye Sadr-e Rudband in der Stadt Dezful. Das Mausoleum aus dem 17. Jahrhundert ist äußerst reizvoll am Ufer des Dez-Flusses gelegen. Bei einer Reise durch die Region kann man noch weit mehr dieser charakteristisch gestalteten Heiligtümer entdecken.

WEITERE INFORMATIONEN

Wassermühlen am Gargar-Damm: 8–10 Uhr, Fr geschlossen
Eintritt Gargar-Damm: 150 000 Rial

Erst im 20. Jahrhundert wurden die Überreste des mächtigen Zikkurats in Elam entdeckt.

29 Elams eindrucksvolles Erbe – Tschogha Zanbil

Dem Zufall sei Dank

Die antike Geschichte des Iran zeigt sich in Tschogha Zanbil in ungeahnter Lebendigkeit. Die Anlage mit dem zentralen Stufentempel ist nichts Geringeres als eine Kultstätte aus mittelelamischer Zeit und von unbeschreiblichem Wert für die Forschung.

Es war keine große archäologische Expedition, die zu einem der bedeutendsten antiken Funde des Landes führte, sondern tatsächlich die Gier nach Öl. Als Frankreich in den 1930er-Jahren in der Provinz Khuzestan nach neuen Ölvorkommen suchen ließ, stieß man bei den Erkundungen unverhofft auf diesen kostbaren Schatz aus Irans Altertum: Tschogha Zanbil. In den folgenden Jahrzehnten wurde die elamische Residenz- und Kultstadt eingehend erforscht. Neben der beeindruckenden Anlage selbst haben die Ausgrabungen auch unbeschreiblich wertvolle Funde wie Rollsiegel, Waffen oder Tierstatuetten zu Tage gebracht.

Das Herz der Kultstadt

Tschogha Zanbil wurde zwischen 1275 und 1240 v. Chr. unter der Regentschaft des mittelelamischen Königs Untash-Napirisha errichtet. Das weitläufige Stadtgebiet war von einer großen Mauer umgeben. Die mächtige Zikkurat, die die Anlage im Zentrum dominiert, soll einst doppelt so hoch wie heute gewesen sein. Der Stufentempel wurde unter assyrischer Herrschaft im 7. Jahrhundert v. Chr. zerstört, ist aber dennoch besser erhalten als jede andere Zikkurat dieser Art. Die Tempelanlage war Inschuschinak, einer der Hauptgottheiten Elams, geweiht. Davon zeugen Inschriften auf den Steinen, die im Bau verarbeitet wurden. Vierzig Kilometer von Elams Hauptstadt wurde Susas Schutzgott also ein zweiter beeindruckender Tempel erbaut. Die Zikkurat in Susa ist heute nicht mehr erhalten.

INFO: Öffnungszeiten Tschogha Zanbil: 7–18 Uhr

30 Jahrtausendealter Herrschaftssitz – Susa

In der elamischen Stadt Susa wurde der Codex Hammurapi gefunden (oben).

Eindrucksvolle Siedlungsgeschichte

Khuzestan entführt in die antike und sogar prähistorische Geschichte des Landes. Als Hauptstadt des Reiches Elam kommt Susa dabei eine besondere Bedeutung zu. Herausragende archäologische Funde von dieser Ausgrabungsstätte sind heute über die ganze Welt verstreut.

Susa wurde bereits in der Bibel erwählt und zählt zu den ältesten kontinuierlich bewohnten Städten der Welt. Tatsächlich konnte nachgewiesen werden, dass sich hier bereits um 4000 v. Chr. eine Siedlung befand. Eine wahre Blüte erlebte die Stadt zur Zeit des mittelelamischen Reiches zwischen 1900 und 1100 v. Chr. Aus den Epochen vor der achämenidischen Herrschaft im 6. bis 4. Jahrhundert v. Chr. haben sich allerdings keine Siedlungsreste erhalten.

Archäologische Erfolgserlebnisse

Das antike Susa konnte bereits im 19. Jahrhundert lokalisiert werden, und an der Ausgrabungsstätte entdeckte man eines der bedeutendsten Fundstücke, das die Archäologie jemals zutage brachte: den Codex Hammurapi aus dem 18. Jahrhundert v. Chr.

Die Sammlung von Rechtstexten ist zugleich einer der wichtigsten literarischen Texte Mesopotamiens. Heute ist er wie viele andere herausragende Fundstücke aus Susa in Paris im Louvre zu sehen, weil vor allem französische Archäologen in Elams einstiger Hauptstadt forschten. Ein kleines, bescheidenes Museum gibt es aber auch in Susa selbst. Oberhalb des Areals der antiken Stätte thront unübersehbar das extra für die Forschungsarbeiten bzw. Forschenden errichtete Château de Suse, eine Art Ritterburg zum Schutz vor nomadischen Angreifern.

INFO: www.metmuseum.org/art/metpublications (Suchbegriff »Susa«).

31 Bei den Bachtiaren – im Zagros-Gebirge

Gründungsmythos eines Dorfes

In der Abgeschiedenheit des Zagros, des größten Gebirges in Iran, liegt noch unentdeckt von der Welt eine Siedlung von sesshaft gewordenen Bachtiaren. Ihre Häuser fügen sich wie Bienenwaben aneinander und bieten in ihrer Gesamtheit einen der großartigsten Anblicke des Landes. Das Leben in Sar Agha Seyed stellt eine sehr traditionsbehaftete Form dar, das Nomadentum aufzugeben.

Zweimal im Jahr unternehmen die Nomaden die Migration (unten). Man ist bemüht, dass keine neuen Betonhäuser das Dorfbild verändern (rechte Seite oben), aber die Moderne hält trotzdem Einzug und junge Menschen ziehen oft in die Stadt (rechte Seite unten).

Eine holprige Schotterpiste, die sich durch das mächtige Zagros-Gebirge schlängelt, führt geradewegs in das Kerngebiet der Bachtiaren. Unterwegs zeugen vorbeiziehende Viehherden und die aufgeschlagenen Zeltlager vom traditionellen Lebensstil der nomadischen Bevölkerungsgruppe, der hier über die Jahrhunderte hinweg erhalten geblieben ist.
Gegen den schwindelerregenden Blick in den drohenden Abgrund und die nicht enden wollenden Kurven hilft einzig und allein die Fokussierung auf die grandiose Berglandschaft, die von dem weit über 4000 Meter hohen Zard Kuh gekrönt wird. Das Ziel der stundenlangen Fahrt ist ein malerisches Dorf, dessen Häuschen förmlich aus dem Hang zu wachsen scheinen und das hinsichtlich seiner Schönheit der einmaligen Landschaft, in der es gelegen ist, in nichts nachsteht.
Auf diese abgeschieden gelegene Manifestation der Kultur und Baukunst der Bachtiaren ist die Welt bislang noch nicht aufmerksam geworden. Gegründet wurde das Dorf von einem Bachtiaren-Stamm, der damit die Entscheidung fällte, sesshaft zu werden. Die ansässigen Menschen erzählen voller Stolz, wie es der Überlieferung zufolge zu diesem Entschluss kam: Alljährlich im Frühjahr zogen ihre Vorfahren los, um ihre Viehherden zu den hoch gelegenen Sommerweiden zu führen, bevor sie im

Manchmal bergen kleine Häuser traditionelle Backstuben (oben).

Herbst wieder zu den tiefer gelegenen Winterlagern zurückkehrten. Eines Sommers starb inmitten der saftigen Weiden des Zagros der führende Kopf des Stammes. An dem Ort, wo dieser alte und heilige Mann seine letzte Ruhe fand, errichteten die Mitglieder des Stammes ein Heiligtum, in dessen Umkreis im Lauf der Zeit immer mehr Häuser gebaut wurden. Die Menschen wollten die Grabstätte nicht wieder verlassen, und so wurde diese Siedlung fortan ihre ganzjährige Heimat. Auch die heutigen Dorfbewohner verspüren eine tiefe Verbundenheit mit dem verstorbenen Heiligen, den sie als ihren gemeinsamen Vorfahren verehren. Die Geschichte ist im Dorf allgegenwärtig und das Heiligtum wird von der Gemeinschaft gehegt und gepflegt. Jedes Jahr obliegt es einer anderen Familie, täglich nach dem Rechten zu sehen und den Schlüssel zum Allerheiligsten gut zu behüten.

Nomadisches Leben

In dem einmalig schönen Dorf werden Traditionen fortgeführt, doch steht es auch für den Verlust der nomadischen Lebensweise, die weltweit in viel weniger abgeschiedenen und idyllischen Gebieten rapide im Schwinden begriffen ist. In Iran hat sie sich im Vergleich zur restlichen Welt verhältnismäßig gut gehalten, während sie im Westen schon längst gänzlich verschwunden ist. Vielleicht üben die noch bestehenden nomadischen Kulturen gerade deshalb eine solch große Faszination aus. Aber auch in Iran steht die Zeit nicht still. Pflegten dort im vergangenen Jahrhundert noch 25 Prozent der Bevölkerung einen nomadischen Lebensstil, könnte das neue Jahrhundert bereits das Ende dieser Tradition besiegeln. Derzeit gehören in Iran rund eine Million Menschen nomadischen Kulturen an, unter denen die Bachtiaren eine der größten Volksgruppen bilden. Ihre strikt hierarchische Gesellschaft ist in Stämme aufgeteilt, denen jeweils bestimmte Familien angehören. Ob diese sesshaft geworden sind, noch nomadisch oder halbnomadisch leben – also nur ein Teil der Familie mit den Herden zieht und der Rest in der Siedlung verbleibt –, ist auch davon abhängig, wo sie ansässig sind.

Halsbrecherische Migration

Die Bachtiaren sprechen als Untergruppe der Lor einen lorischen Dialekt – die iranische Provinz Lorestan ist nach der nomadisch geprägten Ethnie benannt. Ihr zentrales Siedlungsgebiet liegt in der Provinz Chahar Mahal und Bakhtiari. Rund 50 000 Menschen führen dort heute noch das traditionell nomadische Leben ihrer Vorfahren – Tendenz sinkend. Zweimal im Jahr überqueren sie zusammen mit ihren Herden in einer spektakulären Wanderung die Pässe im Zagros-Gebirge. Im Sommer ziehen sie zu den hoch gelegenen Bergweiden, und bevor diese im Winter mit Schnee bedeckt sind, hinunter in die südlicheren Ebenen Khuzestans zwischen Lali und Izeh. Mittlerweile werden die Weideflächen der Winterlager jedoch immer mehr landwirtschaftlich genutzt, was zunehmend für Konflikte zwischen der nomadischen und bäuerlichen Bevölkerung sorgt.

Die bis zu drei Wochen langen Wanderungen über den Zagros gehören heute größtenteils der Vergangenheit an. Dies nicht zuletzt, weil sie für Mensch und Tier große Gefahren mit sich bringen. Mittlerweile kann man die Strecke in rund acht Stunden mit dem Auto bewältigen, dennoch wagen alljährlich immer noch einige Familien den Marsch mit vollgepackten Eseln und kleinen Schäfchen im Arm. Schon die Allerkleinsten werden mitgenommen und, fest in Tücher eingewickelt, von ihren Müttern auf dem Rücken getragen.

Konflikte und Alltag des Dorflebens

Jeden Morgen erwacht das kleine Dorf zu neuem Leben, wenn die Einheimischen auf den Dächern der ineinander verschachtelten Häuser erscheinen und mit der Tagesarbeit beginnen. Dann tragen die durchwegs starken Frauen schwere Lasten quer durch die ganze Siedlung, und die Ältesten sitzen zusammen und tauschen sich über bevorstehende Entscheidungen aus, die das Dorf betreffen. Im Gegensatz zu früher muss der Bürgermeister kein alter Herr sein. Der derzeitige ist Mitte 40,

Traditionsbewusste nehmen nicht die Straße, sondern bewältigen den Weg mit Kind und Kegel (oben) und einer großen Viehherde (unten).

Der Platz wird optimal genutzt, die Dächer der Häuser sind die Wege durch das Dorf (oben). Im Winter kann man im Zagros auch Skifahren (rechte Seite oben). Eine Löwenstatue ziert die Gräber bedeutender Bachtiaren (unten).

und dass ihm bereits in so jungen Jahren die Ehre zuteil wurde, Entscheidungen für das ganze Dorf zu treffen, ist seiner Bildung zu verdanken. Es war eine zentrale Bedingung, auf die sich die Dorfgemeinschaft geeinigt hatte, dass der Bürgermeister angesichts seines Amtes zumindest einen elementaren Schulabschluss haben sollte. Der einen Tick zu modern wirkende Mann, der nun offiziell das letzte Wort hat, ist in der Pflicht, aufkeimende Konflikte innerhalb der Dorfgemeinschaft zu lösen. So gibt beispielsweise ein neues Haus Anlass für Unmut, weil es genau in eine Lücke gebaut wurde, in der bislang im Winter die Schneemassen entsorgt wurden. Der Schnee stellt durch sein Gewicht eine Gefahr für die Häuser dar und muss deshalb immer von den Dächern geschaufelt werden. Angesichts der harten Winter im Zagros und der engen Dorfanlage, in der die Häuser dicht ineinander verschachtelt sind, stellt die Beseitigung des Schnees jedoch ein Problem dar. Während die betroffenen Familien am einen Ende der Siedlung streiten, wird in anderen Häusern in dunklen Backstuben Brot gebacken, Joghurt geschlagen, werden Häuser instand gehalten und viele andere Tätigkeiten verrichtet.

Eine Frage der Generation

Hinter der idyllischen Dorffassade verbirgt sich jedoch nicht nur eine Menge Arbeit, sondern nehmen auch konfliktbeladene Entwicklungen ihren Lauf. Wie in vielen anderen Ländern bestehen auch in Iran große Unterschiede zwischen der (halb-)nomadischen und städtischen Bevölkerung. Für die Bachtiaren ist die Stellung der nomadisch lebenden Menschen in der iranischen Gesellschaft alles andere als zufriedenstellend. Vor allem in Großstädten wie Isfahan steht man ihnen mit einer gewissen Ablehnung gegenüber, ihre Einfachheit und ihr niedriges Bildungsniveau seien dafür verantwortlich, sagt man. Unumstritten ist, dass der weltweit gängige Stadt-Land-Gegensatz in diesem Fall noch verstärkt wird, weil eine nomadische Tradition im Hintergrund steht. Die zwei völlig unterschiedlichen Lebenswelten prallen mittlerweile immer häufiger aufeinander, weil viele der jüngeren Bachtiaren mit dem nomadischen oder auch nur traditionellen Leben brechen und in die Stadt ziehen. Sie sehen sich jedoch nicht nur mit der naserümpfenden Stadtbevölkerung konfrontiert, sondern bekommen auch aus den eigenen Familien starken Gegenwind zu spüren. Ein

WASSER UND SCHNEE

Wer iranisches Lebensgefühl auf Hochtouren erleben und die iranische Lebenswelt etwas besser verstehen will, muss die bekannten Plätze des Landes besuchen, wo man sich von der Begeisterung der Bevölkerung für Wasser anstecken lassen kann. Ein Must-see ist deshalb in Chelgerd der Tunnel, durch den die rauschenden Wassermassen des Zagros geleitet werden, um schließlich Isfahan mit Trinkwasser zu versorgen. Im Winter bietet die kleine Ortschaft ein herrliches Skigebiet. Wer sich in der kalten Jahreszeit zu den Ausläufern des Zagros-Gebirges aufmacht, kann sich zusammen mit den Einheimischen auf den Pisten austoben.

WEITERE INFORMATIONEN

Die BBC-Produktion »Ascent of Man – 02 – Harvest of the Seasons« aus den 1970er-Jahren dokumentiert anschaulich die Strapazen der Hirtenwanderungen über den Zagros.

Generationenkonflikt ist dann bis zu einem gewissen Grad unvermeidbar, wenn die älteren Familienmitglieder auf dem nomadischen oder zumindest kleindörflichen Leben beharren und die jüngeren sich nach dem Leben in der Stadt sehnen. Dieser Konflikt hat sich durch die neuen Möglichkeiten, die den jungen Leuten jetzt offenstehen, noch verschärft. Seit den 1960er-Jahren werden auch nomadisch lebende Kinder von Lehrkräften unterrichtet, die teilweise große Strecken zurücklegen, um den Kleinsten Lesen, Schreiben und Rechnen beizubringen. Infolgedessen träumen viele junge Bachtiaren davon, in städtischen Schulen weiterlernen oder sogar studieren zu dürfen. Ob es den träumenden Kindern, die heute die Ziegen hüten und im Dorf von Dach zu Dach springen, schon möglich sein wird, diesen Weg einzuschlagen, ist ungewiss. Und vor allem die Mädchen werden in der streng patriarchalisch strukturierten Gesellschaft diese Entscheidung nicht alleine treffen dürfen. Sie müssen das Glück haben, einen Mann zu heiraten, der den gleichen Weg wie sie einschlagen möchte.

All diese Veränderungen sind jedoch von außen nicht sichtbar, weil sie sich in der Dorfanlage selbst nicht niederschlagen. Um das Dorf als ein Kulturgut des Landes zu erhalten, ist es den Bachtiaren seitens der iranischen Behörden untersagt worden, die traditionelle Bausubstanz zu verändern. Modernere und größere Häuser werden deshalb nur noch außerhalb des Siedlungskerns gebaut, der so wohl auch in den kommenden Jahren seine Schönheit behalten wird.

Bienenwaben-Ästhetik: Um die Grabstätte eines wichtigen Anführers entstand dieses großartige Zeugnis der Baukultur der Bachtiaren im Zagros-Gebirge.

Der Nordosten

Wo Religion und Natur den Atem rauben

Sinterbecken wie die von Badab-e Surt sind auf der ganzen Welt sehr selten (links). Der Durchmesser des Schlammvulkankraters umfasst 550 Meter (oben). Maschhad ist wegen seines Heiligtums für Imam Reza das größte Pilgerzentrum des Landes (unten).

Reiseroute durch herrliche Natur

Im vernachlässigten Nordosten ist die touristische Infrastruktur weit weniger ausgebaut als in anderen Regionen, allerdings hat das auch seinen Reiz. Diese Route spannt den Bogen zwischen der Modernität Teherans und religiöser Inbrunst in Maschhad, dazwischen liegt eine grandiose Natur.

Teheran wirkt auf die meisten Reisenden zunächst sperrig und unübersichtlich. Erschwerend kommt hinzu, dass die Taxipreise in der Hauptstadt im Vergleich zum Rest des Landes recht teuer sind. Um die Metropole hautnah zu erleben, sollte man einige Zeit einplanen. Wer in das moderne Großstadtleben eintauchen möchte, zieht am besten durch die Straßen und Lokale Nordteherans und bummelt durch die Kunstgalerien im Zentrum. Von Teheran aus geht es mit dem Bus weiter nach Damghan. Die Stadt beherbergt die älteste Moschee des Landes und ist ein guter Ausgangspunkt für eine Tour nach Badab-e Surt. Die einmalig schönen Sinterterrassen von Badab-e Surt, die in kräftigen Farben erstrahlen, liegen nicht weit entfernt von der kleinen Ortschaft Orost. Um dort hinzukommen, empfiehlt sich ein privater Fahrer. Wer nicht mit dem eigenen Fahrzeug unterwegs ist, kann alternativ auch von Teheran aus mit dem Bus nach Sari fahren und von dort ein Taxi nehmen. Auch die Karawanserei Miyandasht stellt Reisende vor das Problem, schwer erreichbar zu sein, obwohl sie direkt neben dem Highway nach Maschhad liegt. Wer die Mühen auf sich nehmen möchte, kann mit dem Bus nach Schahrud fahren und von dort ein Taxi organisieren.

Pilgern und wandern

Maschhad ist die zweitgrößte Stadt Irans und vor allem wegen seiner schiitischen Pilgerstätte bekannt. Nur eine Autostunde entfernt bildet das pittoreske Dorf Kang einen reizvollen Kontrast zur Großstadt. Von Kang aus können auch mehrere Wandertouren unternommen werden. Viele Reisende, die ihren Weg in den Nordosten finden, fahren weiter über den Landweg durch Turkmenistan nach Usbekistan. Maschhad ist schließlich nur einen Katzensprung von Aschgabat entfernt.

Neues entdecken in der Provinz Golestan

Eine reiche Flora und Fauna hält der Golestan-Nationalpark bereit, in dem man mit etwas Glück sogar Bären zu Gesicht bekommen kann. Als Basisquartier für Touren in den Nationalpark kann die Turkmen Ecolodge in der Nähe des Dorfes Kalaleh dienen. Einfach mit dem Bus von Maschhad aus zu erreichen ist Gonbad-e Qabus. Die Stadt heißt nach dem dortigen Grabturm, eine der zahlreichen UNESCO-Weltkulturerbestätten des Landes. Gonbad-e Qabus eignet sich als Ausgangspunkt für eine Tour nach Khaled Nabi. Der Hauptgrund für die Reise ist jedoch weniger der Schreinkomplex Khaled Nabi selbst, als die Fahrt durch die surreal schöne Turkmensahra. Sie gehört auf jeden Fall zu den überwältigendsten Landschaften Irans. Für die Anreise zu dem abgelegenen Schrein empfiehlt sich ein privater Fahrer. Wer von Gonbad-e Qabus weiter nach Gorgan fährt, kann von dort aus eine Tour zum Donnerstagsmarkt nach Aq Qala unternehmen. Die Provinz Golestan erlaubt einen Einblick in die turkmenische Kultur innerhalb Irans und stellt schon alleine deswegen eine Besonderheit dar. Von Gorgan aus führt schließlich der Weg über Amol nach Pular. Das Dorf ist Ausgangspunkt für eine Tour auf den Damawand, wobei Irans höchster Berg bereits in der Provinz Mazandaran gelegen ist. Der ruhende Vulkankegel zieht viele Berg- und Trekkingbegeisterte in seinen Bann.

Bei traditionellen turkmenischen Hochzeiten in Golestan wird die Braut auf einem Kamel durch das Dorf geleitet (oben). Die Sinterterassen versprechen ein ganz besonderes Naturerlebnis (unten links)

TREKKINGTOUR DAMAWAND

Die Tour zum höchsten Berg Irans (5671 m) beginnt in Polur. Das erste Ziel, die Moschee von Gostandsara, ist bereits 3040 Meter hoch gelegen. Die zweite Station, das Camp 3, befindet sich auf 4200 Metern. Schließlich führt die letzte Etappe geradewegs auf den Gipfel. Zusammen mit dem darauffolgenden Abstieg müssen insgesamt zehn Stunden Gehzeit für diesen Tag einkalkuliert werden. Je nach Akklimatisierungszeit dauert der Trek drei bis fünf Tage.

WEITERE INFORMATIONEN

Turkmen Ecolodge:
www.turkmenecolodge.com
Trekking Damavand: www.damawand.de
Empfehlenswerte Bergführerin: Mina Ghorbani (redshot.camera@gmail.com)

Das Stadtbild wird im reichen Norden von Hochhäusern dominiert (oben). Der Golestan-Palast befindet sich im historischen Kern im Süden der Stadt (rechte Seite oben). Dort zu sehen ist auch der 1806 errichtete Krönungsthron, der komplett aus Marmor gehauen wurde (rechte Seite unten).

32 Tradition und Moderne in der Megacity – Teheran

Größe und Vielfalt in der Hauptstadt

Teherans Image erfährt derzeit einen grundlegenden Wandel – das einstige Schreckgespenst ist mittlerweile zu einer beliebten Destination geworden. Immer mehr westliche Reisende kommen in die Hauptstadt des Iran, die mit beeindruckenden Sehenswürdigkeiten und bedeutenden Museen aufwartet. Und nicht zuletzt kann man in der Megacity das moderne iranische Leben kennenlernen.

Rund 13 Millionen Menschen leben im Großraum Teheran – die Hauptstadt des Landes gehört zu den Megacitys der Welt. Zwischen dem Süden und dem Norden der beeindruckenden Metropole liegen 600 Meter Höhenunterschied, die höchsten Stadtteile befinden sich 1700 Meter über dem Meeresspiegel. Teheran zeigt sich als moderne City mit zahlreichen Parks, Museen, Galerien und Universitäten, in der man aber auch mit den Unannehmlichkeiten einer rasant wachsenden Millionenstadt zu kämpfen hat. Dazu gehören ein hohes Verkehrsaufkommen, überfüllte U-Bahnen und stolze Taxipreise. Teherans Geschichte reicht nicht so weit zurück, wie man vermuten würde. Zur Stadt entwickelte sich die Siedlung erst, nachdem die mächtige Stadt Rey im 13. Jahrhundert von Mongolen zerstört worden war. Auch in der safawidischen Periode, die im 16. Jahrhundert begann, waren Isfahan und Täbris weitaus bedeutender. Dies änderte sich erst, als der Kadscharenfürst Agha Mohammad Khan im 18. Jahrhundert Teheran zu seiner Hauptstadt ernannte. Im 20. Jahrhundert erlebte die Metropole einen Modernisierungsschub unter Shah Reza Pahlawi, heute ist der Bauboom in der Megacity kaum noch zu stoppen.

Beim Azadi-Turm integrierte man traditionelle Elemente der persischen Architektur (oben). Der Palast der Blumen stellt seinen Namen mit den vielen floralen Mustern unter Beweis (unten). Zur Rushhour ist der Basar die beliebteste Einkaufsmeile der Stadt (rechte Seite oben).

Zwei Welten einer Stadt

Teheran kennzeichnet ein extremes Nord-Süd-Gefälle, und wer die Hauptstadt wirklich ein Stück weit kennenlernen möchte, hält Ausschau nach den auffälligen Kontrasten zwischen den Stadtregionen. Der Norden der Metropole ist auch für europäische Verhältnisse ein teures Pflaster. Er erstreckt sich an den Ausläufern des Elburs-Gebirges und erfreut sich wegen seines angenehmen Klimas großer Beliebtheit. Hier liegen die Wohngebiete der reichen Großstadtbevölkerung und stehen die Mietpreise denen in Wien und anderen europäischen Millionenstädten in Nichts nach. Wer hier lebt, muss tief in die Tasche greifen, kann jedoch im Sommer die kühlen Temperaturen der Berge genießen und muss weitaus weniger mit der Hitze kämpfen als die ärmeren Bevölkerungsschichten in den wesentlich tiefer gelegenen Wohnvierteln im Süden.

Ein guter Ausgangspunkt, um den Norden zu erkunden, ist die Metrostation Tajrish, die Endstation der Linie 1. Dort bummelt die reiche Großstadtbevölkerung im modernen Einkaufszentrum Tandis und stöbert nach Luxusartikeln. Brillen von Gucci fehlen hier ebenso wenig wie ein Meinl-Café für Wien-Fans. Wem der Sinn nach imperialem Prunk steht, der fährt in den äußersten Norden zur Saadabad-Palastanlage, die einst den kadscharischen Königen als Sommerresidenz diente. Wer dagegen noch mehr Abkühlung braucht, fährt am Nordrand der Stadt einfach mit der beeindruckend langen Seilbahn auf das Plateau des knapp 4000 Meter hohen Tochal. Teherans Hausberg bietet im Winter zudem ein beliebtes Skigebiet.

Blumiger Herrschaftssitz

Während man in Nord-Teheran in luxuriösen Einkaufszentren shoppt, ist im Süden noch immer der Basar die erste Anlaufstelle. Hier bietet der Große Basar als größter überdachter Basar der Welt ein unvergessliches orientalisches Shoppingerlebnis. Im Süden liegt auch Teherans historischer Kern, ein Ausflug in diese traditionellere Ecke der Metropole lohnt sich auf jeden Fall.

Unbedingt sehenswert ist sicherlich der Golestan-Palast, dessen neobarock anmutender Stil sich grundlegend von der sonst im Iran üblichen Architektur unterscheidet. Die Eintrittsgelder, die für jeden Trakt extra verlangt werden, dämpfen allerdings ein wenig die aufkommende Euphorie vor den Toren des

Palasts der Blumen, dessen Geschichte als kadscharischer Herrschaftssitz im 16. Jahrhundert beginnt. Die von der Straße aus sichtbaren Gebäude wirken eher unspektakulär, aber sobald man die Anlage betritt, wird man eines Besseren belehrt. Die Mosaiken auf den Fassaden im Innenhof bilden ein einziges großes Puzzle aus allen möglichen Farben und Formen, zeigen unzählige Tier- und Landschaftsmotive. Besonders schön ist der Palast mit dem wertvollen Marmorthron aus dem 18. Jahrhundert, auf dem 1925 die letzte Krönung stattfand. Beeindruckend sind auch der Empfangspalast, in dem Spiegelmosaike an den Wänden die Räume vollends erstrahlen lassen, sowie viele weitere imposante Innenräume. Der herrschaftliche Prunk darf allerdings nicht mit der Kamera festgehalten werden.

Meisterwerke aus Jahrtausenden

Teheran hat noch viele weitere Sehenswürdigkeiten zu bieten, die über die ganze Stadt verstreut zu finden sind. Das Nationalmuseum bietet als bedeutendste Sammlung des Landes einen Rundgang durch die gesamte Geschichte des Landes. Wertvolle archäologische Ausgrabungen lassen sich hier bewundern. Die bedeutendste Juwelensammlung hütet das Juwelenmuseum im Tiefgeschoss der iranischen Nationalbank und das Museum für zeitgenössische Kunst ist das größte seiner Art außerhalb von Europa und den USA. In seinen Ausstellungen kann man Meisterwerke unter anderem von Pablo Picasso, Salvador Dalí, Paul Klee und Joan Miró sowie von zeitgenössischen iranischen Kunstschaffenden bewundern. Geschichtsträchtig wie die Exponate in den Museen ist auch der 45 Meter hohe Azadi-Turm. Das Monument vereint in seiner Architektur vorislamische und islamische Stilelemente. So erinnern die zwei integrierten Spitzbögen an die Bauweise von Moscheen, während die geschwungenen Bögen seitlich an die Architektur des sassanidischen Reiches angelehnt sind. Teherans Wahrzeichen wurde anlässlich der 2500-Jahr-Feier des persischen Kaiserreiches zwischen 1969 und 1971 errichtet und hieß damals noch Shahyad-Turm (»dem Shah gewidmeter Turm«). Der Name des Monuments wurde Ende der 1970er-Jahre geändert: Seit der iranischen Revolution 1979 heißt es Azadi-Turm – der »Freiheitsturm«.

HIP UND VEGETARISCH

Irans Hauptstadt hat natürlich noch eine Menge mehr zu bieten. Wer auch kulinarisch die moderne und junge Seite Irans kennenlernen möchte, ist im Haus der Kunstschaffenden an der Shahid Musavi Shomali bei der Metrostation Taleghani bestens aufgehoben. Es besticht mit seinem alternativ angehauchten Großstadtcharme, interessanten Ausstellungen und nicht zuletzt mit einem guten vegetarischen Restaurant. Ganz in der Nähe befindet sich die ehemalige Botschaft der USA. Die Graffitis in der unmittelbaren Umgebung des Gebäude sind mittlerweile zu einer beliebten Sehenswürdigkeit der Stadt geworden.

WEITERE INFORMATIONEN

Golestan-Palast: 9–18 Uhr; www.golestanpalace.ir

Badab-e Surt ist für sein Farbenspiel bekannt: Die Eisenoxid-Ablagerungen sind für die rötliche Färbung verantwortlich und die Becken ändern für den Betrachter je nach Tageszeit ihre Farbe.

33 Die Macht der Farben – Badab-e Surt

Unbekannte Schönheit

Auch wenn es nur wenige Reisende in diese abgelegene Ecke Irans verschlägt, so sind die beeindruckenden Farben und Formen der Sinterterrassen von Badab-e Surt die Anreise auf jeden Fall wert. Mit öffentlichen Transportmitteln erreicht man die abgeschiedene Region nicht. Wer trotzdem seinen Weg dorthin findet, wird mit dem Anblick eines seltenen Naturphänomens belohnt.

Sinterterrassen in dieser Pracht sind überaus selten. Neben den beliebten Kaskaden in der Türkei bei Pamukkale, den Becken von Dallol in der Danakillsenke in Äthiopien und im Yellowstone-Nationalpark in den USA zählen die Formationen von Badab-e Surt sicher zu den beeindruckendsten ihrer Art. 2008 wurden die Quellen von Badab-e Surt als zweites Naturerbe Irans registriert.

Ein Farbenspiel der Natur

Surt ist eine alte Ortsbezeichnung, und Badab – das »Gas-Wasser« – bezieht sich auf das mineralhaltige Wasser, das hier auf rund 1800 Metern aus Quellen sprudelt. Die Terrassentreppen entstanden durch die Kalkablagerungen des Wassers, das seit Jahrtausenden den Berg hinabfließt. Ihre rötlichen Farbtöne sind dagegen vor allem auf Eisenoxid-Ablagerungen zurückzuführen. Je nach Tages- und Jahreszeit zeigen sich die Terrassen von einer anderen reizvollen Seite. Mutter Natur hat für Badab-e Surt tief in den Farbtopf gegriffen und nutzt die gesamte Palette von dezenten Blautönen bis zu kräftigem Rot. Viele iranische Ausflügler scheinen sich weniger für die traumhafte Umgebung zu interessieren als für den hier abgelagerten Schlamm, dem eine heilende Wirkung nachgesagt wird. Sie schaufeln ihn in Plastikflaschen und streichen damit ihre Hände ein. Heilende Kräfte soll auch das salzhaltige Wasser besitzen, das sich in einem großen natürlichen Becken sammelt.

Backsteine und Lehmziegel kennzeichnen die älteste erhaltene Moschee Irans

34 Schlichte Schönheit – Damghan

Nahe der ältesten Moschee des Iran

Die zwischen Teheran und Maschhad gelegene Stadt Damghan beeindruckt mit schönen historischen Bauwerken. Dazu gehört mit der Tarikhaneh auch die älteste Moschee des Landes. Für Kunst- und Kulturinteressierte ist Damghan sicherlich ein lohnendes Ziel.

Angesichts des vielfältigen kulturellen Angebots Irans und der langen Wege, die zurückgelegt werden müssen, finden nur wenige Reisende den Weg nach Damghan. Ein Besuch der Stadt bietet sich jedoch als Zwischenstopp nach Maschhad an. Damghans Highlight ist ohne Zweifel die beeindruckende Tarihaneh-Moschee. Sie wurde 760 errichtet und ist damit die älteste noch erhaltene Moschee im Iran. An den Glamour safawidischer Baudenkmäler wie in Isfahan kann das Gotteshaus natürlich nicht heranreichen – braucht es auch nicht. Der Charme der Anlage beruht auf ihrer schlichten Schönheit. Für die Fassaden und Bögen wurden Backsteine und Lehmziegel verwendet, und das auffällige Minarett an der Nordwestseite wurde erst im 11. Jahrhundert im Zuge einer Renovierung angefügt.

Zwischenstopp mit Potential

Neben Irans ältester Moschee warten in der Stadt noch einige andere Sehenswürdigkeiten auf ihre Entdeckung. Obwohl Damghan durch Erdbeben und Raubzüge stark in Mitleidenschaft gezogen wurde, ist seine spätantike sassanidische Stadtmauer bis heute in großen Teilen erhalten geblieben. Bedeutend ist auch das Grabmal von Jafar ibn Ali aus dem 11. Jahrhundert. Kunstvolle Fliesen aus dem 14. Jahrhundert, die sich in den Räumen des Grabmals befanden, sind heute sogar im Louvre. Etwa eine halbe Stunde von Damghan entfernt erreicht man die Cheshmeh-Ali-Quelle. Das künstlich angelegte Wasserbecken ist ein beliebter Treffpunkt der Einheimischen. Dort gibt es auch zahlreiche Übernachtungsmöglichkeiten für den einfachen Geschmack.

35 Lichtblick an der Seidenstraße – Miyandasht

Historischer Rastplatz an einer uralten Handelsroute

Seidenstraße – der Begriff weckt unweigerlich Bilder von kostbaren Waren und endlosen Karawanen, erinnert an Marco Polo und dessen Berichte. Die alten Handelsrouten üben nach wie vor eine ungeheure Faszination aus. Von ihrer einstigen Bedeutung zeugen die historischen Karawansereien, die entlang der Strecken zur Rast einladen, darunter die besonders eindrucksvolle in Miyandasht.

Viele träumen davon, einmal auf der alten Seidenstraßen auf den Spuren der unzähligen Karawanen zu wandeln, die einst auf beschwerlichen und gefährlichen Reisen kostbare Waren von China nach Mitteleuropa brachten. Eine solche Handelsexpedition konnte samt Rückweg bis zu acht Jahre dauern. Verständlicherweise legten deshalb die einzelnen Karawanen nur Teilstrecken zurück und brachten die Waren an zentrale Handelsplätze, wo sie verkauft und von ihren neuen Besitzern wiederum weitertransportiert wurden. Schon um 100 v. Chr. soll sich die erste Karawane vom heutigen Xi'an in China nach Europa aufgemacht haben. Von jenem Zeitpunkt an wurde entlang der Strecke mit Kostbarkeiten wie Seide und Porzellan, mit wertvollen Gewürzen, Tee und Früchten gehandelt.

Lebendiger Mythos

»Seidenstraße« ist heute die geläufige Bezeichnung für das historische Streckennetz zwischen Asien und Europa. Tatsächlich erhielt die beeindruckende Fernhandelsroute diesen Namen erst Ende des 19. Jahrhunderts von einem deutschen Geografen, der sie nach der Seide benannte, die als eine der vielen kostbaren Waren auf der Route transportierte wurde. Nach und nach entstand der Mythos Seidenstraße mit all den dazugehörigen Geschichten

Miyandasht besteht aus unterschiedlichen Trakten, wo jeweils Ställe für die Kamele vorhanden waren (unten). Die direkt neben der Autobahn gelegene Karawanserei bezeugt die große historische Bedeutung der Seidenstraße in Iran (rechte Seite).

und Verklärungen. Die Menschen begannen sich auch zunehmend für die Berichte Marco Polos zu interessieren. Auch wenn es heute höchst umstritten ist, ob dieser überhaupt jemals in China gewesen war, so prägte er doch wie kaum ein anderer das Bild, das man sich in Europa von der Seidenstraße und dem Orient machte.

Verdiente Ruhe und mächtiger Schutz

Über Jahrhunderte hinweg hatten die Karawanen mit Wassermangel zu kämpfen und waren Wind und Wetter schutzlos ausgeliefert. Wahre Lichtblicke waren auf ihren beschwerlichen Reisen die Karawansereien, deren Tradition eng mit der Geschichte der Seidenstraße verbunden ist. Wenn man heute durch die mächtigen Tore der Herberge in Miyandasht tritt, erscheint der geschichtsträchtige Komplex aus drei Karawansereien eher wie eine gewaltige Bastion. Und tatsächlich bot die Anlage neben Lebensmitteln vor allem Schutz für die Karawanen mit ihren kostbaren Gütern und den wertvollen Kamelen die Möglichkeit, zu neuen Kräften zu kommen. Neben den höher gelegenen Rastplätzen für die Karawanenführer war stets auch Platz für die vielen Tiere vorhanden. Auf alten Aufnahmen sieht man, wie dicht bevölkert Miyandasht sein konnte. Der enorme Andrang war auch der Grund, dass zu der großen Karawanserei aus der safawidischen Epoche (16.–18. Jahrhundert) in kadscharischer Zeit (1794–1925) zwei kleinere hinzukamen. Insgesamt bot der gesamte Baukomplex 2000 Reisenden Platz.

Heute ist eine Reise auf der Seidenstraße nicht mehr zwangsläufig beschwerlich, vorausgesetzt, man gibt sich damit zufrieden, nur einen kleinen Teil der ehrwürdigen Handelsrouten zu entdecken. Unterwegs im Iran trifft man immer wieder auf solche alte Herbergen, die häufig jedoch bereits sehr verfallen sind. Im Gegensatz dazu sind die prachtvollen Karawansereien von Miyandasht liebevoll restauriert worden. Und wer sich darüber den Kopf zerbricht, wie man sie finden soll, weiß man doch lediglich, dass sie 100 Kilometer östlich von Sharud liegen, sei unbesorgt: Direkt an der alten Seidenstraße entlang führt der einzige Highway Richtung Maschhad. Die Karawanserei liegt direkt neben dieser Straße und ist deshalb leicht zu finden.

ÜBERNACHTEN IN KARAWANSEREIEN

Im Iran werden immer häufiger Karawansereien in Hotels umgewandelt, und nicht alle mögen über diese Kommerzialisierung der geschichtsträchtigen Hallen erfreut sein. Doch wird Reisenden damit die Möglichkeit geboten, die Karawansereien nicht nur zu besichtigen, sondern dort sogar zu übernachten – wenn auch mit erheblich mehr Komfort als die damaligen Karawanen, versteht sich. Die Karawansereien-Hotels sind durchwegs im höheren Preissegment angesiedelt und bieten oft charmanten Luxus. Eines der bekanntesten Beispiele ist das »Abbasi Hotel« in Isfahan. Aber auch im Karawanserei-Komplex von Miyandasht ist seit kurzem ein Hotel errichtet worden. Wer sich auf der Durchreise nach Maschhad befindet, kann in dem überwältigenden Komplex, der die einstige Bedeutung der Seidenstraße vor Augen führt, einen Zwischenstopp einlegen.

WEITERE INFORMATIONEN

Zu einem Hotel umgebaute Karawanserei in Isfahan: www.abbasihotel.ir

Das Heiligtum umfasst mehrere Teile, der Kern mit dem Grab von Imam Reza ist für Nicht-Muslime nicht zugänglich (oben). In den Bergen rund um Maschhad gehört das Dorf Kang zu den schönsten Siedlungen in der Region (rechte Seite unten).

36 Die allerheiligste Grabstätte – Maschhad

Irans bedeutendste schiitische Pilgerstätte

In Maschhad befindet sich mit dem Grab des Imams Reza das wichtigste schiitische Heiligtum im Iran. Schon von Weitem sind die Kuppeln der riesigen Anlage zu sehen, deren gewaltige Ausmaße einen selber winzig erscheinen lassen. Tiefreligiöse Pilger nehmen beschwerliche Wege auf sich, um die Stadt des Märtyrers zu erreichen. Die Tore des Heiligtums stehen jedoch nicht nur muslimischen Gläubigen offen.

Viele Reisende nutzen Maschhad als letzten Stützpunkt im äußersten Nordosten des Landes, bevor sie ihr Weg weiter nach Turkmenistan in die nur wenige Kilometer entfernte Hauptstadt Aschgabat führt. Doch lohnt der Besuch von Irans zweitgrößter Stadt auch, wenn man nicht vorhat, die Landesgrenzen zu übertreten. In Maschhad befindet sich eine der sieben heiligen Stätten des schiitischen Islams, dem die überwiegende Mehrheit der iranischen Bevölkerung angehört. Dabei sind mehr als 60 Millionen der schiitischen Gläubigen im Iran der Zwölfer-Schia zuzuordnen. Im Zentrum dieser Lehre steht die Verehrung von zwölf Imamen, unter denen der 818 verstorbene Imam Ali Reza eine besondere Stellung einnimmt, weil er aufgrund seines wachsenden Einflusses und der Stärkung des shiitischen Islams vom damaligen Kalifen vergiftet worden sein soll. Der achte Imam der Zwölfer-Schia wurde vermutlich von Kalif Ma'mun vergiftet und in Maschhad beerdigt. Rund um seine Grabstätte entwickelte sich die Stadt Maschhad, deren Name »Stätte des Martyriums« bedeutet.

Gastfreundlicher Empfang

Für schiitische Gläubige ist die Pilgerstätte mit dem Schrein des Ali Reza der mit Abstand heiligste Ort Irans. Die gesamte Anlage erstreckt sich über einen Kilometer und ist in verschiedene Trakte unterteilt. Die heiligen Hallen um-

fassen insgesamt über zwanzig Gebäude. Unübersehbar sind die türkisfarbene Kuppel der Gawharshad-Moschee und die goldene Kuppel über der Grabstätte des Imams. Ihre Pracht setzt sich im Inneren der Grabkammer fort, deren Fassaden mit unzähligen Spiegel- und Fliesenmosaiken verziert sind.
Die Türen des Heiligtums stehen für alle Menschen offen. Einzig der Hof mit dem beeindruckenden Goldiwan als Zugang zum Grab des Imams bleibt Nicht-Muslimen verwehrt, damit sie durch ihr ungeschicktes Staunen nicht die Gläubigen stören. Trotz dieser kleinen Einschränkung lohnt sich der Besuch für alle, die das tiefreligiöse Leben im Iran besser kennenlernen möchten. Wie in Qom stehen auch hier Freiwillige bereit, die sich für einen gewissen Zeitraum in den Dienst der heiligen Stätte stellen. Die meisten von ihnen haben Theologie studiert und alle sprechen Englisch. Sie begleiten nichtmuslimische Interessierte gerne durch die Anlage und stehen für alle Fragen offen. Die Führung kostet nichts weiter als ein Lächeln und kann gerne zwei- oder dreimal oder gar mehrmals in Anspruch genommen werden.

Pittoreskes Kang

Einen Besuch lohnt auch das Bergdorf Kang, das nur 30 Kilometer von Maschhad entfernt überraschend abgeschieden gelegen ist. Von Kang aus führt eine Straße an einem Fluss entlang, an dem sich viele ideale Plätze zum Zelten finden. Das Dorf selbst ist vom Tourismus noch unberührt. Durch Kangs enge Gassen zu schlendern, ist das Eine, die Berglandschaft der Umgebung zu erkunden oder längere Wandertouren in die Nachbardörfer zu unternehmen, das Andere. Von den umliegenden Bergrücken hat man den besten Blick auf Kang und kann so die ganze Schönheit des Bergdorfes erfassen. Mit seinen verschachtelten Häusern, die sich an den Hang schmiegen, bietet es einen unglaublich malerischen Anblick.

ANGEMESSENE KLEIDUNG

Eines muss bei einem Besuch der Pilgerstätte in Maschhad klar sein: Es gebietet der Respekt, sich korrekt zu kleiden und die Kleidungsvorschriften, die in ganz Iran gelten, besonders sorgfältig einzuhalten. Für Frauen, die in Iran allgemein Kopftuch, Umhang oder langes Shirt, das bis zu den Knien reicht, und lange Hosen oder Rock tragen, bedeutet dies, das Kopftuch besonders streng zu binden, die Unterarme völlig zu bedecken und in offenen Schuhen Socken anzuziehen. Den obligatorischen Tschador gibt es wie üblich am Eingang zum Heiligtum. Auch für Männer geziemt es sich allgemein, so wenig Haut wie möglich zu zeigen. Die kurzen Shorts müssen zuhause bleiben, in Maschhad ist zudem langärmelige Oberbekleidung Pflicht. Wenn man diese Punkte beachtet und respektiert, steht einem Besuch der Pilgerstätte nichts mehr im Weg.

WEITERE INFORMATIONEN

Der Schrein ist rund um die Uhr geöffnet, es empfiehlt sich jedoch, ihn während des Tages zu besichtigen.

Selbstverständliche Kostbarkeiten – Safranfäden und Rosenblüten

Ernte und Weiterverarbeitung

In Iran gibt es Safran- und Rosenprodukte in höchster Qualität und noch dazu zu erschwinglichen Preisen. Reisende kommen sowohl bei einem Besuch der Ernten als auch beim Verzehr der vielen Süßspeisen auf ihre Kosten und nicht wenige finden mit den kostbaren Agrarprodukten ein passendes Souvenir für zu Hause.

Safran ist aus der persischen Küche nicht wegzudenken (unten) und verleiht Speisen eine unverkennbare Farbe (oben). Den Geschmack von Rosen erleben Reisende oft in Form von Rosenlimonade (rechts unten) oder von Süßspeisen wie Masghati, das mitunter mit Rosenblättern garniert wird (rechts oben).

Oft ist auch vom »roten Gold« die Rede, wenn sich Einheimische über nichts Geringeres unterhalten als das teuerste Gewürz der Welt. Safran ist fester Bestandteil der persischen Küche, findet sich in Kosmetikprodukten, gilt als Allheilmittel und wird hier nahezu täglich eingesetzt. Eines der größten Anbaugebiete der Kostbarkeit liegt in der unmittelbaren Umgebung Maschhads im Nordosten des Landes. Auf den Feldern kommen jährlich gegen Ende Oktober unzählige Menschen zusammen, um in mühevoller Kleinarbeit die Fäden der Krokusse zu ernten, die weltweit gehandelt werden. Iran ist nicht nur der größte Safranexporteur, seine Produkte zeichnet noch dazu eine unschlagbare Qualität aus.

Kaschan ist Irans Hauptumschlagplatz für Rosenwasser, das man hier besonders günstig erwerben kann. Es wird in große Flaschen abgefüllt und zu einem Bruchteil der gängigen Preise in Europa zum Kauf angeboten. Die nahe gelegene kleine Stadt Qamsar, in der die Rosenblätter gepflückt und weiterverarbeitet werden, ist von Mitte April bis Mitte Mai einen Besuch wert: Dann locken unzählige Rosen mit ihrem Duft und die Gulab-Giri-Zeremonie findet statt. Die für das Rosenwasser notwendige Sorte Gul Mohammady soll schon seit über 7000 Jahren

in Iran angebaut werden. In Qamsar können Reisende hautnah miterleben, wie das Rosenwasser traditionell hergestellt wird.

Süße Offenbarungen

Ob Safraneis oder Rosenlimonade, mit Rosenblüten garnierte Süßwaren oder selbst gemachter Sholeh Zard (Goldreis) – kaum eine Süßspeise verzichtet auf Safran oder Rosenwasser bzw. Rosenblüten und auch Getränke können damit verfeinert werden. Der unverkennbare Geschmack ist Teil des Alltags. Selbst der Tee kann mit wenigen Tropfen Rosenwasser neue Geschmackserlebnisse bieten. Eine beliebte Leckerei, die es in den zahlreichen Konditoreien gibt, nennt sich Masghati. Das Konfekt enthält Rosenwasser und wird teilweise mit Rosenblättern garniert. Von den unzähligen Dessertrezepten seien hier zwei hervorgehoben. Der persische Reismehlpudding Fereni ist bis auf die Garnitur völlig weiß. Für die Zubereitung wird Milch, Reismehl, Zucker und eben auch Rosenwasser vermischt und aufgekocht. Ein anderes Rezept, das die beiden kostbaren Agrarprodukte vereint, ist der oben erwähnte »Goldreis« Sholeh Zard. Der Reispudding, der gerne an Festtagen serviert wird, enthält neben gemahlenem Safran Rosenwasser, Mandelstifte und wahlweise Zimt.

Qualitätsmerkmale und Preise

Besonders in größeren Mengen kann hochwertiger Safran zu erschwinglichen Preisen gekauft werden, die beste Anlaufstelle ist Maschhad. Pro Gramm muss man mit 1,50 bis 3 Euro rechnen. Da jedoch auch in Iran minderwertiger Safran verkauft wird, erwirbt man am besten bekannte und offizielle Marken wie »Golestan«, die gute Qualität garantieren. Der reinste Safran heißt »dokhtar pich«. Gute Safranfäden sind tiefrot und weisen am Ansatz einen geringen Gelbanteil auf. Wichtig ist das intensive Aroma. Vermeintliche Schnäppchen, die einem auf Basaren angeboten werden, sollte man mit Vorsicht genießen.

Das Rosenwasser aus Kaschan und Umgebung genießt weltweit einen hervorragenden Ruf. Auch Rosenblüten können in Massen erworben werden und eignen sich zerkleinert zur Veredelung für Süßspeisen. Das reinste Rosenwasser lässt sich in Kaschan, Qamsar oder Neyasar erwerben. Dieses sogenannte Gulab Dow Atisha Asel weist absolut keine Farbe oder Partikel auf und schmeckt leicht bitter. Es kostet pro Liter rund 100 000 Toman, also je nach Wechselkurs zwischen 15 und 25 Euro. Daneben gibt es aber auch ein breites Angebot von etwas geringerer Qualität zu einem günstigeren Preis.

Die Turkmensahra zeichnet sich durch die surreal wirkenden Gebirgsketten aus (rechte Seite). Den besten Blick über die Landschaft hat man vom Schrein des Khaled Nabi (oben).

37 Surreale Berglandschaft – Khaled Nabi

Die beeindruckende Weite der Turkmensahra

Für Reisende, die sich weit in Richtung turkmenische Grenze vorwagen, steht Khaled Nabi weniger für den gleichnamigen Schreinkomplex denn für einen unvergleichlichen Blick über die surreal wirkende Landschaft der Turkmensahra. Die Provinz Golestan bietet darüber hinaus einen Einblick in Kultur und Tradition der hier ansässigen turkmenischen Bevölkerung.

Leise schwingt sich ein Adler auf und zieht elegant seine Bahnen quer über die beeindruckenden Erhebungen der Turkmensahra. Die hügelige Landschaft auf dem Weg zum Schrein des Khaled Nabi ist die Heimat vieler Wildtiere und für sich schon eine Reise wert. Unwirklich wirken die vielen Linien der kahlen Berge und Hügel. Fast könnte man glauben, Pinselstriche hätten die unverkennbare Landschaft der Turkmensahra geschaffen. Irrwege auf der Suche nach Khaled Nabi bieten die Möglichkeit, die Weitläufigkeit dieser karg besiedelten Region im Nordosten Irans zu fassen. Die Turkmensahra reicht bis an die Grenzen Turkmenistans, der Landstreifen in der Nähe des Kaspischen Meeres wird mehrheitlich von einer turkmenischen Bevölkerung bewohnt. Die spektakuläre Berglandschaft, die die Turkmensahra so einzigartig macht, ist mit keiner anderen Region des Landes vergleichbar.

Ein Schrein und seine Kulisse

Um zum Schrein des Khaled Nabi und seiner sagenhaft schönen Kulisse zu kommen, muss man der nordöstlichen Straße von Gonbad-e Qabus nach Gukcheh folgen, um von dort in nordwestlicher Richtung weiter nach Gachisu zu fahren. Von diesem Städtchen sind es nur noch ein paar Kilometer zu der bekannten Pilgerstätte. Vorbei an landwirtschaftlich genutzten Flächen wird die Landschaft zunehmend hügeliger und steiler, bis die Straße schließlich

Bei einer turkmenischen Hochzeit spielt das Kamel im wahrsten Sinne des Wortes eine tragende Rolle (oben). Einen Turban tragen hier vor allem die älteren Herren (unten). Durch die hügelige Landschaft der Provinz Golestan schlängeln sich einsame Straßen (rechts).

weit hinauf zum Gipfelbereich eines Berges führt, auf dem der Schrein gelegen ist. Wer hier verzweifelt den richtigen Weg sucht, dem helfen Einheimische gerne weiter. Dabei muss auch gar nicht groß erklärt werden, wo man hin will – wer durch diese abgelegene Region irrt, kann nur Khaled Nabi zum Ziel haben. Am Gipfel angekommen, eröffnet sich ein wunderschöner Panoramablick auf die weitläufige Erosionslandschaft. Unzählige zackige Hügel reihen sich hier in der Ebene.

Zu dem Schreinkomplex auf dem Gipfelplateau gehört auch das Mausoleum des Khaled Nabi. Der Prophet aus dem Jemen soll vor rund 1600 Jahren gelebt haben und Christ gewesen sein. Der Überlieferung zufolge konvertierte seine Tochter nach einem Besuch beim Propheten Mohammed zum Islam. Heute ist Khaled Nabis Mausoleum eine beliebte Pilgerstätte, wenngleich viele iranische Ausflügler ebenso wegen des fantastischen Blicks hierherkommen. Zum Schreinkomplex gehören auch schlichte Zimmer, in denen übernachtet werden kann. Wer Khaled Nabi nicht im Rahmen einer Pilgerfahrt besucht, wird allerdings Khaled Nabis Mausoleum weniger Beachtung schenken als dem Mausoleum seines Schafhirten Choupan Ata, da dieses reizvoll gelegen ist. Der Schrein des Schafhirten ist unübersehbar, wenn man den Blick auf die faszinierende Erosionslandschaft genießt, und über einen schmalen Weg erreichbar. Khaled Nabi selbst soll veranlasst haben, dass Choupan Ata in seiner unmittelbaren Nähe beigesetzt wird.

Bemerkenswerte Ruhestätten

Der Schreinkomplex hat noch viel mehr zu bieten, als es anfangs unter Umständen den Anschein hat. Direkt von der Anlage führt ein weiterer schmaler Weg zu einem Friedhof der besonderen Art. Die kurze Wanderung lohnt sich, denn dort ragen in der hügeligen Landschaft verstreut mehr als 500 Grabsteine auf, die unverkennbar die Form weiblicher und männlicher Genitalien haben. Sie sind von unterschiedlicher Größe, wobei einzelne eine Höhe von zwei Metern erreichen. Ihre Existenz ist kein Geheimnis, ganz im Gegenteil ist der Friedhof, der vermutlich aus der vorislamischen Mazdaki-Ära des 6. Jahrhunderts n. Chr. stammt, im Iran ein bekanntes kulturelles Erbe. Die ersten dieser skurrilen Grabsteine finden sich bereits auf zwei kleineren Hügeln neben dem Gipfelplateau. Sie sorgen bei Reisenden, die gerade noch die beeindruckende Land-

schaft bestaunt haben, für ein amüsiertes Schmunzeln.

Turkmenische Kultur

Die Provinz Golestan bietet nicht nur einmalig schöne Landschaften, sondern auch Einblicke in die Lebenswelt der turkmenischen Bevölkerung Irans. Zu deren Traditionen gehören unter anderem Reitturniere und aufwendige Hochzeitszeremonien. Turkmenische Hochzeiten werden mittlerweile in unterschiedlicher Intensität gefeiert, doch kommt es immer noch vor, dass sie sich über mehrere Tage ziehen. Während eines besonders eindrucksvollen Teils der Zeremonie sitzt die Braut gemeinsam mit einer Freundin oder Verwandten in einem kleinen Zeltpavillon, der von einem Kamel getragen wird. Reich geschmückt und mit dem Pavillon und den zwei Frauen noch dazu gut bestückt, zieht das Kamel von Haus zu Haus, damit alle Nachbarn von der bevorstehenden Hochzeit erfahren. Verwandte und Freunde führen das Tier, teilweise sitzen sie selbst auf einem Karren, der von einem Esel gezogen wird. Die jungen Männer, die an der Zeremonie beteiligt sind, werfen sich für den Anlass in Schale, tragen die traditionellen roten Umhänge und helle zerzauste Turbane. Sonnenbrille, Hemd und Jean verraten allerdings den alltäglichen Look dieser jungen Generation. Während des ganzen Trubels lugt die Braut einmal mehr und einmal weniger unter dem großzügigen Schleier hervor, der auch ihre Schultern und Arme bedeckt. Die Farbe Rot ist dabei nicht zufällig gewählt, denn sie symbolisiert traditionellerweise die Jugendlichkeit der Braut. Natürlich bedarf es einer großen Portion Glück, einer solchen Zeremonie eine Zeit lang beiwohnen zu dürfen. Aber auch im Alltag fällt die traditionelle Kleidung der Frauen auf. Sie tragen meist buntgeblümte lange Kopftücher und lange Kleider, auf denen sich oft auch Blumen finden. Zur turkmenischen Tracht gehört zudem die borek genannte bestickte Kopfbedeckung, die unverheiratete Frauen unter ihren Kopftüchern tragen. In den ländlichen Regionen der Provinz halten sie auch heute noch diese Tradition aufrecht. Bei den Männern ist besonders noch bei älteren Herren der Turban als Teil der traditionellen Kleidung erhalten geblieben. Die prächtigen Trachten werden nur noch zu besonderen Anlässen getragen.

DER GRABTURM GONBAD-E QABUS

Gonbad-e Qabus gehört zu den turkmenisch geprägten Zentren Golestans. Die Stadt bietet nicht nur einige Übernachtungsmöglichkeiten, sondern auch Läden und Kultureinrichtungen, die Interessierten turkmenische Traditionen näherbringen. Das Wahrzeichen der Stadt ist der monumentale Ziegelturm aus dem Jahr 1006, der 2012 von der UNESCO zum Weltkulturerbe ernannt wurde. Das beeindruckende schmucklose Bauwerk ragt 55 Meter in die Höhe und ist der älteste Ziegelturm weltweit. Der Legende zufolge ist er die letzte Ruhestätte des Fürsten Ibn Wushmgir, dessen Grab aber bis heute nicht gefunden werden konnte.

WEITERE INFORMATIONEN

Eine nützliche Karte zur Verortung der einzelnen Sehenswürdigkeiten:
http://s123.photobucket.com/user/looloo-goozoo/media/no-41.jpg.html

Händlerinnen feilschen lange, bis sie ihre Ware endgültig verkaufen.

38 Turkmenisches Markttreiben – Aq Qala

Hier wird gefeilscht!

Für ein paar Stunden erwacht in Aq Qala jeden Donnerstag ein kleiner turkmenischer Markt zum Leben. Die Einheimischen gewähren hier einen Einblick in eines der vielen verschiedenen Gesichter des Landes und bieten neben traditionellen Erzeugnissen auch Alltägliches zum Kauf an.

Aq Qala liegt 21 Kilometer nördlich von Gorgan in der Provinz Golestan. Wer das Glück hat, an einem Donnerstag in die kleine Stadt zu kommen, erlebt einen netten turkmenisch geprägten Markt voller Überraschungen. Gehandelt wird hier zwischen 7 und 12 Uhr unter freiem Himmel, danach werden die einfachen Stände kurzerhand wieder abgebaut. Sie hinterlassen an den restlichen Tagen der Woche kaum Spuren.

Praktisches und Kulturelles

Verkauft werden hier vor allem nützliche Dinge für den täglichen Gebrauch sowie saisonale Früchte in Hülle und Fülle. Die Bauern stehen mit ihren Karren und preisen ihre Waren an, plaudern mit alten Freunden und trinken Tee. Daneben gibt es aber auch turkmenische Teppiche mit den charakteristischen geometrischen Mustern sowie farbenfrohe Stoffe für die traditionell bunt gemusterten Kleider und Kopftücher der Frauen, die für die Region typisch sind. Als zusätzlicher Kopfschmuck werden Haarreifen angeboten, die verheiratete Frauen wie einen Ring unter dem Kopftuch tragen. Der schlichte Reifen ersetzt die traditionelle fünf Zentimeter hohe Kappe, die früher zur Tracht gehörte. Einen Tschador wird man hier allerdings schwerlich finden. Auch die älteren Männer sind vorwiegend traditionell gekleidet. Hier sind Turbane noch keine Seltenheit. Ein Bereich des Marktes ist dem Obst und Gemüse vorbehalten. Besonders Wassermelonen werden in dieser Region angebaut.

Rund um den riesigen Schlammvulkan sind Felder angelegt.

39 Gewaltiger Schlammvulkan – Gelfeshan

Vom Feld in den Abgrund

Inmitten von bewirtschafteten Feldern reißt der Schlammvulkan Gelfeshan Garniarik ein riesiges Loch in die Erde. Der Durchmesser des Kraters misst beeindruckende 550 Meter – aufgrund seiner versteckten Lage ist der Vulkan dennoch nicht leicht zu finden.

Aus bequemer Ferne ist der Gelfeshan Garniarik viel leichter zu finden als vor Ort. Wer mit Google Maps nach der Ortschaft Saqar Tappeh sucht, dem fällt sogleich ein mit Wasser gefüllter kreisförmiger Ring ins Auge. In der Satellitenansicht sieht man, dass keine Straße dorthin führt – der riesige Schlammvulkan ist nur querfeldein erreichbar. Seine Ausmaße sind so gewaltig, dass Wanderer auf dem Weg zur Erhebung in der Mitte auf Bildern wie verschwindend dünne Striche erscheinen. Dies vermittelt eine Vorstellung von seinen Dimensionen.

Schlammvulkane sind trotz ihrer Bezeichnung keine Vulkane im üblichen Sinn. Sie entstehen durch einen »Diapirismus« genannten Vorgang. Bei diesem »kalten Vulkanismus« steigt tonreiches Sedimentgestein, das eine geringe Dichte aufweist, in Verbindung mit Wasser zur Erdoberfläche auf. Neben der Provinz Golestan hat auch die Provinz Chabahar einen beeindruckenden Schlammvulkan zu bieten.

Antikes Erbe

Ein weiteres höchst interessantes Phänomen sind in dieser fruchtbaren Region nahe dem Kaspischen Meer die »Tepe« genannten historischen Siedlungshügel. Die archäologischen Funde beim Siedlungshügel Turang Tepe reichen bis in das 5. Jahrhundert v. Chr. zurück. Historisch Interessierte finden sicher Gefallen an der heute noch deutlich erkennbaren Erhebung, die über die Jahrtausende hinweg unterschiedlich genutzt wurde. Unter den Koordinaten 36°93′82″/54°58′64″ kann man den Turang Tepe finden.

Der Südosten

Ruf der Wüste

Im ganzen Land finden sich Karawansereien, die müden Reisenden Schutz bieten sollten (links). Die Gegend um Tabas ist für ihre zahlreichen Oasenstädte bekannt (oben). Die Kuppel des Ganj-Ali-Khan-Moschee ist der schöne architektonische Höhepunkt in Kerman (unten).

Daryacheh ye-Namak
Kavir Nationalpark
Kaschan
Kuh-e Dom
Bad
Zavareh
Natanz
Zatar Qand
Sohey
Morcheh Khort
Vartun
Nain
Ishtgah-e-Na'in
4
5 6
ISFAHAN
VARZANEH
40
Zarrin Shar
Mohammad Abad
Hasan Abad
Sav
Shahreza
Koruyeh
Izad Khast
Semirom
Abadeh
Meymand
Kuh e Dinar 4404
Rud-e Polvar
Eqlid
Yasuj
Sedeh
Deh Bid
Ardakan
Masiri
Shahrak
Qader Abad
Jian
Marv Dasht
Tashk
Daryacheh ye-Tashk
Chah Sorkh
Schiras
Deris
Daryacheh ye-Maharlu
Daryacheh ye-Bakhtegan
Runiz
Kuhenjan
Neyriz
Shesh Deh
Firuz Abad
Deh Now
Darab
Hoseyn Abad
Qir
Jahrom
Chah Zebar
Furk
Darvishi
Valayat
Abdan
Khonj
Jazireh-ye Jabrin
Bandar-e Taheri
Gerash
Lar
Hormud
Kuh-e Gavbast 2180
Bastak
Gavbandi
Persischer Golf
Rud-e Mehran
Jazireh-ye Lavan
Bandar-e Charak
Jazireh-ye Kish
Bandar-e Langeh
Bandar-e Hamiran
Bandar-e Khamir
Bandar-e Pol
Kahurestan
Anguran
BANDAR ABBAS
QESHM
50
Laft-e Nou
Hormus
Jazireh-ye Larak
Basaidu
Jazireh-ye Qeshm
Straße von Hormus
Musandam Peninsula
Mesr
Arusan
Jandaq
CHUPANAN
43
Khur
Garmeh
Bavaziveh
ANARAK
Kuhe Sorkh
Robat-e-posht Badam
Zarrin
Saghand
41
KHARANAQ
Kuh-e Khorunaq 3197
Aqda
Ardakan
Meybod
YAZD
42
Chah Kavr
Shir Kuh 4075
Zein-o-din
Bafq
Tang Chenar
Abarku
Kavir-e Abarkuh
Kuhha ye Qohrud
Shemsh
Anar
Bayaz
Jowsam
Harabarjan
Harat
Maymand
Katun Abad
Sirjan
Balvard
Ali Abad
Shah Maran
Rafsanjan
Robat
Kuhhaye Qohrud
Tabas
Deyhuk
Ferdows
Boshruiyeh
Kuh-e Esger
Sarayan
Qa'en
Arab Abad
Birjand
Mansur Abad
Fedeshk
Sar Bisheh
Giv
NAYBAND
44
Samad Abag
Beh Abad
Darband
2328
Kuh Banan 3658
Ravar
Zarand
Charrud
Kuhpayeh
45
KERMAN
47
MAHAN
Bahramjerd
46
KALUTS
Shahdad
Namakzar-e Shadad
Golbaf
48
RAYEN
Kuh-e Lalezar 4374
BAM
49
Baft
Mohammad Abad
Rigan
Kuh-e Kheybar 3845
Patkan
Jiroft
Halil Rud
Kuh-e Gebal Barez
Bahador Abad
Bagh-e Chenar 2731
Golashkerd
Kahnuj
Kuh-e Buhan 3281
Khoshangan
Bargah
Faryab
Chah Zardar
Hamum-e-Jazmuriyan
Hur
Kuhha-ye Bashagerd
Sanderk
Ziyarat Kaleh
Angchran
Jogidan
Kargushki
1665
0
50 km
N

Reiseroute durch die Wüste

Iran wird von zwei riesigen Wüsten durchzogen, der Dasht-e Kavir und der Dasht-e Lut. Eine Reise durch den Südosten führt zu sagenhaft schönen Wüstenlandschaften, aber auch zu den abgeschiedenen Inseln des Persischen Golfs. In der Wüste Lut wiederum befindet sich der heißeste Ort der Welt.

Um die Highlights sinnvoll miteinander zu verbinden, startet die Route in Yazd und mit einer Tour in die beliebten Dünen von Varzaneh. Auf der Fahrt dorthin liegt auch die Karawanenstadt Meybod mit ihren Taubentürmen und Wasserspeichern. Ebenfalls von Yazd aus geht es mit dem Auto über Nain nach Anarak und Chupanan und damit in die geheimnisvolle Wüste Dasht-e Kavir. Die Tour führt weiter über die Stadt Khur, die auch mit dem Bus erreichbar ist. In Khur findet sich eine größere Auswahl netter Unterkünfte, hier locken aber vor allem Touren zu den nur wenige Kilometer entfernten Dünen von Mesr.

Dünen und Oasen

Auf der folgenden Strecke von Khur und Tabas führt die Straße quer durch einen Salzsee und danach in ein weiteres Gebiet mit Sanddünen. Tabas selbst ist mit öffentlichen Verkehrsmitteln zu erreichen und vor allem wegen der Pelikane im hiesigen Golshan-Garten bekannt. In unmittelbarer Nähe ist Deyhuk ein perfekter Ausgangspunkt, um die verfallenen, aber schönen Oasenstädte der näheren Umgebung zu erkunden. Wesentlich abgelegener und deswegen am besten mit einem privaten Fahrer zu erreichen ist die bezaubernde Oasenstadt Nayband. Weiter geht es nach Kerman, dem Ausgangspunkt für eine Tour in die Dasht-e Lut und zu den größten Yardangs der Welt. Diese beeindruckenden Formationen sind in Iran besser unter der Bezeichnung Kaluts bekannt. Ab Kerman gibt es gute Busverbindungen nach Bam und Bandar Abbas, wobei zwischen diesen beiden Städten die nächste Sensation in Jiroft liegt. Dort brachten archäologische Ausgrabungen Überreste der jahrtausendealten Jiroft-Kultur zu Tage.

Meeresluft und Inselleben

Hormozgans pulsierende Provinzhauptstadt Bandar Abbas heißt nach Schah Abbas I. und ist ein Verkehrsknotenpunkt. Von hier aus geht es mit Fähren zu den Inseln Hormus und Qeshm. Qeshm erkundet man am besten auf einer der Rundfahrten, die in den Unterkünften angeboten werden, denn öffentliche Verkehrsmittel sind dort nicht vorhanden. Wer mit dem Auto auf die Insel anreisen möchte, nimmt die häufige verkehrende Autofähre ab Bandar-e Pol. Im Sommer ist von Reisen in den Südosten des Landes generell abzuraten, schließlich werden dort am Meer Spitzentemperaturen von über 50 Grad Celsius erreicht und in der Wüste Lut liegt sogar der heißeste Ort der Welt. Einen perfekten Abschluss der Reiseroute garantiert die Wüstenstadt Yazd, die sich mit Bus und Zug von Bandar Abbas aus erreichen lässt. Auf der langen Strecke bietet Sirjan auf halbem Weg den sehenswerten Bagh-e Sangi. Der künstlich angelegte Steingarten wurde als surreal schönes Protestprojekt gegen die Agrarreform des Schahs angelegt. Etwas weiter nördlich haben Reisende im Höhlendorf Maymand die Möglichkeit, ein weiteres UNESCO-Weltkulturerbe Irans zu besuchen. Ein Erlebnis der besonderen Art bietet rund 70 Kilometer südlich von Yazd eine Übernachtung in der zu einem Hotel umfunktionierten Karawanserei Zein-o-din. Die liebevoll restaurierte Karawanserei gehörte einst zum weit verzweigten Netzwerk der Seidenstraße und liegt nur wenige Meter von der Hauptstraße nach Yazd entfernt. Den Charme der Anlage kann dies jedoch nicht trüben.

Die Wüste Lut ist vor allem wegen ihrer bizarren Felsformationen bekannt, doch bietet sie auch eines der mächtigsten Dünengebiete der Welt.

OFFROAD DURCH DIE WÜSTE

Wer sich mit den Kaluts direkt neben der Straße nicht begnügen will und ein Abenteuer quer durch die Lut sucht, sollte einen mehrtägigen Offroad-Trip mit geländegängigen Jeeps unternehmen. Eine solche Tour führt unter anderem geradewegs zu einem der spektakulärsten Sandmeere der Welt, in dem über 400 Meter hohe Dünen aufragen. Ein zuverlässiger Anbieter mit langjähriger Erfahrung ist Kalout Travel. Nähere Informationen bietet die deutsche Website: https://kalouttour.com/de

WEITERE INFORMATIONEN ZUM TRANSPORT AM PERSISCHEN GOLF

Autovermietung und Fährhafen in Bandar Abbas:
Europcar Iran, im Hotel Hormoz am Enqelab Square: www.europcar.ir
Shahid-Haqani-Passagierhafen am Taleghani Blvd. in der Nähe des Basars

Zu den Dünen von Varzaneh führt direkt eine Straße, die im letzten Stück des Weges zur staubigen Off-road-Piste wird.

40 Ein Meer aus Sand – Varzaneh

Faszination Dünen

Nach den klischeehaften Bildern einer Wüste mit Bergen aus Sand muss man auch in einem Land wie dem Iran, das zu einem großen Teil von Wüsten durchzogen wird, erst einmal suchen. Nur wenige Kilometer von Isfahan entfernt findet man allerdings eine traumhafte Dünenlandschaft.

Nur schwer stapft es sich durch den Sand, der sich sogleich unerbittlich überall einnistet, als wollte er sicherstellen, in Erinnerung zu bleiben. Dabei wäre das gar nicht nötig. Einmal auf der Kante einer Düne angelangt, wird man den Blick auf die surreal schöne Dünenlandschaft nicht so schnell vergessen. Die kleine Stadt Varzaneh ist mittlerweile nicht nur wegen seiner älteren Frauen bekannt, die hier weiße Tschadors tragen, sondern auch wegen der Sanddünen, die nur einen Katzensprung von der Stadt entfernt liegen. Mitten in den Dünen scheinen die Stunden wie im Flug zu vergehen. Wer sich nicht selbst abmühen möchte, kann sich vor Ort auch nach Fahrzeugen umsehen, die einen Ausflug in die Sandlandschaft wesentlich erleichtern.

Taubentürme

Der Weg von Isfahan nach Varzaneh bietet neben den Dünen noch weitere Überraschungen. Unterwegs erspäht man auf den landwirtschaftlich genutzten Flächen immer wieder traditionelle Taubentürme. Längst nicht mehr genutzt, verfallen die einen, während die anderen für Besichtigungen neu herausgeputzt werden. In manchen dieser renovierten Türme erinnert ein Taubenmodell an die einstige eigentliche Funktion dieser Monumente. Unzählige Tauben fanden hier Unterschlupf und sorgten mit ihrem Kot für Dünger. Darüber hinaus gibt es einige Moscheen zu entdecken – beispielsweise auch die Moschee in Barsian, die auf die seldschukische Herrschaftsperiode im 11. und 12. Jahrhundert zurückgeht.

41 Zauber einer verlassenen Stadt – Kharanaq

Kharanqs verfallene Häuser wurden nur teilweise renoviert, die neue Siedlung wurde errichtete man in unmittelbarer Nähe (oben).

Der Charme des Verfalls

Die Lehmarchitektur ist eine der reizvollen Besonderheiten Irans. Ob bewohnt, verlassen, renoviert oder verfallen – die traditionellen Lehmstädte und -dörfer sind beliebte Ausflugsziele. Einer dieser Besuchermagneten ist Kharanaq.

Das Morgenlicht umspielt die verlassenen historischen Gebäude der Stadt, die gerade weil sie zum größten Teil verfallen sind, einen besonderen Reiz ausüben. Die engen Gassen laden ein, auf eigene Faust Erkundungstouren zu starten und einen genaueren Blick in die verlassenen Häuser zu werfen. Ein Geheimtipp ist Kharanaq allerdings schon länger nicht mehr. Gemeinsam mit Chak-Chak und Meybod wird das Städtchen gerne im Rahmen eines Tagesausflugs von Yazd aus besucht.

Der Chak-Chak-Tempel

Vom charmanten Kharanaq ist es nicht weit zu der zoroastrischen Tempelanlage Chak Chak, die mitten im Nirgendwo hoch oben aus dem Fels hervorschaut. Der Zoroastrismus war die Staatsreligion des spätantiken Sassanidenreichs, hat jedoch seine einstige Bedeutung verloren. Im heutigen Iran zählt sie nur noch rund 20 000 Anhänger.
Der Chak-Chak-Tempel gehört zu den wichtigsten zoroastrischen Heiligtümern. Alljährlich treffen sich dort im Juni Gläubige, um an den Feierlichkeiten teilzunehmen, die zehn Tage andauern. Das Herzstück der Anlage ist eine Bergquelle, und tatsächlich bezieht sich der Name des Tempels auf die Geräusche des tropfenden Wassers. Goldene Schwingtüren mit charakteristischen Wächterfiguren führen direkt zum Ewigen Feuer, das in der Mitte des steinernen Tempels lodert und nicht erlöschen darf. Das Feuer als Symbol für das Gute und Reine auf der Welt spielt eine zentrale Rolle im Zoroastrismus.

Die Altstadt umfasst ein großes Netz an Gassen (oben). Die Freitagsmoschee ist das Wahrzeichen der Stadt (rechte Seite unten), ihre floralen und sternenförmigen Muster setzen sich in der Innenkuppel fort (rechte Seite oben).

42 Ein orientalischer Traum – Yazd

Eine Stadt wie aus Tausendundeiner Nacht

Yazd verzaubert. Die Stadt bietet alles, was das am Orient interessierte Herz höher schlagen lässt. Auf den Dächern der Altstadt werden mit einem Schlag alle Träume aus Tausendundeiner Nacht wahr. Die Assoziation mit der berühmten Märchensammlung des Morgenlandes ist dabei gar nicht so falsch, immerhin ist Persien die Heimat von Scheherazade und ihren Geschichten.

Es sind die Lehmbauten der Altstadt, die den Charme von Yazd ausmachen. Die Stadt am Rande der Wüste ist für viele eine der schönsten Städte Irans. Ihr Bild wird geprägt durch die unglaublich vielen Windtürme, die jeden noch so schwachen Windhauch einfangen. In ihrem Inneren kühlt die Luft merklich ab, bevor sie in die Räume der Häuser weitergeleitet wird. Dreh- und Angelpunkt ist natürlich die prächtige Jame-Moschee, deren reichgeschmückter Eingangsiwan von Blau- und Türkistönen dominiert wird. Im Inneren der Anlage gerät man einmal mehr ins Schwärmen angesichts der Hauptkuppel mit ihren floralen und sternenförmigen Mustern und harmonischen Farben. Doch auch an den anderen Kuppeln kann man innen und außen verschiedenste Variationen von floralen Mustern, Kalligraphien und geometrischen Formen bewundern.

Wie in anderen Altstädten hat man auch in Yazd nach einer kurzen Zeit der Verwirrung eine Karte im Kopf, die einen sicher durch die Gassen führt. Die ganze Schönheit der Stadt erfasst man jedoch erst, wenn man auch auf die Dächer in der Medina klettert. Von dort oben genießt man einen herrlichen Blick über die Altstadt, auf ihre prächtigen Iwane und Moscheen und die Gebirgszüge Shirkuh und Kharanaq in der Ferne. Bei einem Spaziergang durch die Medina zieht es einen deshalb unweigerlich auf die Dächer, möglich ist der

In der Altstadt sieht man Nakhl-Holzgerüste für Zeremonien (oben) und zahlreiche Windtürme zur Kühlung der Häuser (rechte Seite oben). Typisch für iranische Moscheen ist der große Iwan als Teil des Gotteshauses (unten).

Aufstieg häufig bei Restaurants. Oben angekommen, sollte man jedoch der Versuchung widerstehen, von einem Dach zum anderen zu gehen. Auf diese Weise tänzelt man nämlich sehr schnell auf Privathäusern herum, was die Einheimischen ganz und gar nicht gern sehen. Wer hätte auch schon gerne ungefragt Fremde auf seinem Haus? Mittlerweile sind die ungebetenen »Dachgäste« zu einer heiklen Angelegenheit geworden, weil manche Reisende wohl meinen, die Dächer der Altstadt gehörten für die Zeit ihres Aufenthalts ihnen. So lassen sich auch die Schilder auf den Dachterrassen erklären, die überall mahnen, nicht die Nachbardächer zu betreten. Etwas Zurückhaltung ist diesbezüglich also angebracht.

Heimat einer Märchensammlung

Yazd ruft Assoziationen mit den Märchen aus Tausendundeiner Nacht hervor, zumindest landen viele Reisende bei dem Vergleich, wenn sie die Schönheit der orientalischen Stadt in Worte fassen möchten. Von der historischen Wahrheit sind sie damit gar nicht weit entfernt. Die ersten Erzählungen stammten aus Indien, doch entstand im Lauf der Zeit eine persische Urfassung der Märchensammlung. Das war vermutlich um 500 n. Chr. unter sassanidischer Herrschaft. Die Märchen sind in eine traurige Rahmenhandlung eingebettet, denn Scheherazade kämpft um ihr Leben: Der persische König, dem sie die Märchen erzählt, ist von seiner Frau betrogen worden und hat seitdem den Glauben an die Treue der Frauen verloren. Deshalb heiratet er jede Nacht erneut eine andere Frau, die er am folgenden Tag hinrichten lässt. Scheherazade will diesem Wahnsinn ein Ende setzen und bietet sich selbst dem König als Gemahlin an. Dem Tod entgeht sie nur, weil sie dem Herrscher jede Nacht aufs Neue Geschichten erzählt, die sie an spannenden Stellen unterbricht. Der König ist von ihnen so gefesselt, dass er unbedingt wissen möchte, wie sie weitergehen. Dass Scherezade schließlich nach der Geburt von drei Kindern nach vielen Jahren doch nicht umgebracht wird, ist ein Akt der Gnade.

Herausforderungen der modernen Zeit

So schön die Altstadt von Yazd auch ist, in Wahrheit ist es dort etwas zu ruhig. Das Leben findet außerhalb im neuen Teil der Wüstenstadt statt. Viele der alten Lehmhäuser stehen leer und werden nicht genutzt. Das alles erfährt man vor allem von den jungen Leuten,

die hier Architektur studieren. Wer sich im Iran mit Architektur auseinandersetzen möchte, kommt an die hiesige Universität, die einen sehr guten Ruf genießt. Viele dieser jungen Menschen möchten an der derzeitigen Situation einiges ändern, die Altstadt mit ihren historischen Gebäuden liegt ihnen am Herzen. Um mit gutem Beispiel voranzugehen, beziehen ein paar von ihnen die Lehmhäuser, auch wenn das mit einem Verzicht auf modernen Komfort einhergeht. Moderne Wohnungen sind weitaus geräumiger, und natürlich ist ein Leben in der Medina mit Unannehmlichkeiten verbunden – die absolute Wahrscheinlichkeit eines Einsturzes bei einem Erdbeben mit eingeschlossen. Aber trotzdem ist diese junge Generation daran interessiert, die Vorzüge der traditionellen Bauweise wiederzuentdecken. Und so spielen auch hier Träume eine große Rolle. In diesem Fall beziehen sie sich auf eine belebte Altstadt, in der moderne Iranerinnen und Iraner wieder ihre Liebe zur traditionellen Architektur gefunden haben.

Religion in der Stadt der Träume

Bei abendlichen Streifzügen durch die Altstadt kommt man früher oder später zu einem grellgrün erleuchteten Platz, auf dem eines der großen Nakhl-Holzgerüste aufgebaut wurde. Ein solches Gerüst steht seit einiger Zeit auch auf dem Meydan-e Amir Chaqmaq. Während der Ashura-Feierlichkeiten zum Gedenken an den tragischen Tod des Imams Husain wird es mit schwarzen Tüchern bedeckt und von Männern auf den Schultern getragen. Husain ibn Ali war der dritte der zwölf Imame und ist als Enkel des Propheten Mohammed eine wichtige Persönlichkeit des schiitischen Glaubens. Ashura findet am zehnten Tag des islamischen Monats Muharram statt und erinnert an das Martyrium des Imam Husain, der im Jahr 680 in der Schlacht von Kerbela zusammen mit seinen Anhängern getötet wurde. Das Holzgerüst symbolisiert den Schrein des Imams, der sich im irakischen Kerbela befindet.

Der Meydan-e Amir Chaqmaq ist ein Wahrzeichen der Stadt, und die dortige türkisfarbene pyramidenförmige Amir-Chagmaq-Fassade aus dem 19. Jahrhundert dient bei den Ashura-Feierlichkeiten als Zuschauertribüne. Gegen Eintritt kann man die ersten Stufen der dreistöckigen Fassade besteigen, allerdings sind die oberen Etagen seit kurzer Zeit gesperrt und so bleibt dem Besucher leider der fantastische Blick über die Altstadt verwehrt.

Vom Meydan-e Amir Chaqmaq kann man dem Weg in die moderne Neustadt Yazd folgen. Weit außerhalb der Altstadt ist mit dem zoroastrischen Tempel eine der beliebtesten Sehenswürdigkeiten der Stadt gelegen. Im Inneren der Anlage sieht man das Ewige Feuer hinter einer Glasscheibe lodern.

MEYBOD

Zum Dreiergespann der beliebten Ausflugsziele gehört neben Kharanaq und Chak Chak auch die alte Karawanenstadt Meybod. Ihr Stadtbild kann zwar nicht mit dem von Yazd mithalten, aber der Besuch lohnt trotzdem, wenn man sich für die Zitadelle, Taubentürme und Wasserspeicher interessiert. Besonders schön ist die Zitadelle, die auf einem erhöhten Plateau gelegen ist und einen wunderbaren Blick auf die Altstadt und ihre traditionellen Häuser bietet. In der Stadt bietet ein restaurierter Taubenturm Gelegenheit, eines dieser für die Gegend charakteristischen Gebäude von innen zu sehen. Taubentürme sind keine Besonderheit von Meybod, sondern vor allem auch in Isfahan und Umgebung verbreitet. Früher fanden in den Türmen massenhaft Tauben Unterschlupf, deren Mist zu Dünger weiterverarbeitet wurde.

WEITERE INFORMATIONEN

Empfehlenswerte Unterkunft:
www.kohanhotel.ir/en

Jeder Windhauch wird von den Windtürmen aufgefangen und senkt die Temperaturen (oben). In der Umgebung der Bergbaustadt Anarak gibt es mehrere Minen (rechts oben). Die Dünen sind die letzten Ausläufer der sagenumwobenen Rig-e-Jenn (rechts unten).

43 Geheimnisse der Dasht-e Kavir – Anarak und Chupanan

Die große Salzwüste

Als würde sie noch immer der Glaube an die bösen Geister, die Dschinns, abhalten, finden nur wenige Reisende in die Dünenlandschaft der Rig-e Jenn. Dabei bietet die Route durch die Dasht-e Kavir mit Anarak und Chupanan zwei echte Perlen. In der dünn besiedelten Region trügt das Bild einer scheinbar leblosen Wüste: Wo der Mensch einen Schritt zurücktritt, erwacht die wilde Fauna Irans zu neuem Leben.

Vor einer halben Ewigkeit erstreckte sich über das heutige Gebiet der Dasht-e Kavir ein riesiger Ozean. Von diesem blieb nur das Salz übrig, weshalb sie auch die große Salzwüste, Kavir-e Namak, genannt wird. In dem weitläufigen Areal lassen sich immer wieder größere Salzablagerungen finden, so auch beispielsweise unweit von Kaschan. Neben der Dasht-e Lut ist die Dasht-e Kavir die zweite große Wüste Irans. Mit einer Länge von rund 800 Kilometern und einer Breite von rund 300 Kilometern erreicht sie riesige Ausmaße und geht zudem an ihrem Südrand in die Lut über. In dieser lebensfeindlichen Umgebung leben nur wenige Menschen, Reisende werden auf ihren einsamen Fahrten durch die Wüste nur wenige Dörfer und Städte finden. Die Dasht-e Kavir ist bislang wenig erforscht und eines der großen Geheimnisse Irans, die es noch zu lüften gilt.

Zwischen Bergbau und Windtürmen

Der Name der kleinen Bergbaustadt Anarak am West-Rand der Dasht-e Kavir leitet sich von dem persischen Wort anar ab. Das charmante Städtchen wurde also nach den leckeren Granatäpfeln benannt, die die Grundlage für das beliebte Gericht Fesenjan, Huhn oder Lamm in

Die Dasht-e Kavir ist bis heute größtenteils unerforscht (rechte Seite). Wer in den Dünen wandert, wird bald die Spuren der zahlreichen Wildtiere entdecken (oben). Ein Meer aus Sand findet sich auch zwischen Garmeh und Tabas (unten).

Walnuss-Granatapfelsauce, bilden. Rings um die 1520 Meter über dem Meeresspiegel gelegene Stadt ragt schroffes Gebirge auf. Bekannt ist Anarak für seine zahlreiche Minen, in denen Gold, Zink, Silber und Eisen gewonnen werden. Die etwas entfernt gelegene Mine Nakhlak soll bereits rund 2500 Jahre in Betrieb sein. Anarak gefällt mit seinen Lehmhäusern im Altstadtkern und einem kleinen Turm, der die ganze Siedlung überragt. Doch auch hier prägen verlassene und verfallene Häuser das Bild der Medina. Mit der notwendigen Vorsicht lässt sich das eine oder andere sichere Dach besteigen, um einen besseren Blick zu haben.

Rund 90 Kilometer weiter östlich sieht man in Chupanan, wie die traditionelle Architektur dem Wüstenklima angepasst ist. Das Städtchen ist für sein Panorama bekannt, denn auf jedem Dach steht hier ein Windturm. Diese für den Iran charakteristischen rechteckigen Aufbauten mit Luftschlitzen stellen ein einfaches Mittel dar, den heißen Temperaturen entgegenzuwirken. Jeder kleinste Windhauch wird eingefangen und zur Kühlung in die Wohnräume geleitet. Die dicken Lehmmauern tun ihr Übriges, um vor der Hitze zu schützen. Die kleinen Häuser sind dicht aneinandergebaut und haben zudem oft einen Innenhof, in dem hohe Palmen zusätzlich Schatten spenden.

Die verwunschenen Dschinn-Dünen

Böse Geister sollen die Rig-e Jenn bewohnen. Die sagenumwobene »Wüste des Dschinns« ist ein Teil der Dasht-e Kavir und erstreckt sich im Grenzgebiet der Provinzen Semnan und Isfahan. Zu ihren letzten Ausläufern gehören die Sanddünen bei Chupanan, die der Überlieferung zufolge von Dschinns bewohnt werden. Das Gebiet wurde deshalb einst von den Karawanen gemieden, weil die Menschen fürchteten, in der endlos wirkenden Dünenlandschaft diesen Dämonen schutzlos ausgeliefert zu sein. Der Glaube besagt, dass Dschinns als übersinnliche Wesen neben den Menschen leben, die sie jedoch nur in Ausnahmefällen zu Gesicht bekommen. In Europa kennt man Dschinns vor allem aus *Aladin und die Wunderlampe*, doch spielen sie auch in vielen anderen Märchen aus Tausendundeiner Nacht eine tragende Rolle. Angesichts der einförmigen Dünenlandschaft, die so mühsam zu durchqueren ist, lässt sich auch heute noch leicht nachvollziehen, dass das Gebiet unheimlich und sogar verwunschen wirken musste. Wenn dann noch

der Wind in kürzester Zeit die eigenen Spuren im Sand verwischt, könnte man fast meinen, man wäre selbst zum Dschinn geworden. Noch heute glauben einige der Einheimischen in den umliegenden Dörfern an die bösen Geister in den Dünen, und auch der berühmte Forscher Sven Hedin mied die Rig-e Jenn, als er die iranischen Wüstenregionen bereiste. All das ändert allerdings nichts an dem unglaublichen Reiz, den die Dünenlandschaft besonders im letzten Abendlicht ausübt, wenn die sanften hügeligen Ausläufer der Rig-e Jenn im feurigen Rot erstrahlen. Allerdings ist dies nicht gerade beruhigend, wenn man daran denkt, dass Dschinns aus dem Feuer erschaffen wurden...

Leben in der Wüste

Auch wenn Wind und Sand ihr Bestes geben, die Spuren in den Dünen so schnell wie möglich verschwinden zu lassen, entdeckt man doch schnell, dass die Dasht-e Kavir vor Leben sprüht. Die Vegetation mag bescheiden sein, die Tierwelt schätzt jedoch offensichtlich, dass das Gebiet von Menschen unberührt ist. Hier haben zahllose Wildtiere einen Rückzugsort gefunden, tummeln sich in den Dünen und ziehen ihre Bahnen.

Was Reisende am Tag anhand der Spuren in allen möglichen Formen und Größen nur erahnen können, wird bei Nacht mit etwas Glück zu einem hautnahen Erlebnis. Kurz nachdem der letzte Sonnenstrahl verschwunden ist und sich die Dunkelheit breit gemacht hat, erspäht man möglicherweise Karakal-Katzen, die auf der Suche nach Futter seelenruhig am Nachtlager vorbeiziehen, oder einem Wüstenfuchs einen Besuch abstatten. Weitere Tiere, denen man in der sehr belebten Dasht-e Kavir begegnen kann, sind Persische Gazellen, wilde Schafe und Ziegen sowie Kamele, Persische Leoparden und Flughühner.

Die mit Abstand größte Ehre ist jedoch, wenn sich der hiesige König der Wildtiere blicken lässt: der Asiatische Gepard. Von dieser weitgehend verschwundenen Art gibt es nur noch im Iran einige wenige Exemplare, und ihr Überleben ist nur einem strengen Schutzprogramm zu verdanken. Es ist zu hoffen, dass sich der Bestand des edlen Tiers nicht weiter verringert und es nicht dasselbe Schicksal erleidet wie der persische Löwe, der in den 1940er-Jahren ausstarb. Der schlimmste Feind ist wie überall der Mensch, der Jagd auf die elegante Katze macht. Dem soll aber zukünftig noch besser Einhalt geboten werden.

DEN DÜNEN AUF DER SPUR

Wer die Zeit hat und die Dasht-e Kavir näher kennenlernen möchte, kann von Chupanan aus weiter Richtung Garmeh und Tabas fahren. Insgesamt sind in der Dasht-e Kavir Sanddünen ein rarer Anblick, auf der Strecke zwischen Garmeh und Tabas wird die Sehnsucht nach dem Meer aus Sand jedoch gestillt. Dort liegt ein Gebiet mit schönen Dünen, die sicher nichts dagegen haben, wenn sich zu den zahlreichen Tierspuren zeitweilig ein paar menschliche Fußspuren gesellen. Von erhöhter Position aus hat man einen großartigen Blick auf die elegant geschwungenen Sandberge, die sich malerisch in der Landschaft erstrecken. Vor dem Dünengebiet durchquert man einen Salzsee, der einem zu Bewusstsein bringt, dass man sich hier in einer Salzwüste befindet.

WEITERE INFORMATIONEN

Initiative zum Schutz des Geparden in Iran: www.sueddeutsche.de/wissen/bedrohter-gepard-letzte-zuflucht-iran-1.2642353

Die Palmenhaine der Oasenstadt dienen auch zum Obstanbau (oben). Die Lehmhäuser sind hier höher als in anderen Altstädten (rechte Seite oben). Hier trifft man immer wieder auf kleine Ställe für Ziegen (rechte Seite unten).

44 Paradies in der Wüste – Nayband

Sehnsuchtsort Oase

Der Iran begeistert mit seiner vielfältigen Schönheit, wobei Nayband zu den noch unentdeckten Perlen des Landes gehört. Die inmitten eines tristen Wüstenabschnitts der Dasht-e Lut gelegene Ortschaft entspricht mit ihren endlosen Palmenhainen dem Inbegriff einer Oasenstadt. Frische Orangen, eine heiße Quelle und freundliche Menschen versprechen einen unvergesslichen Aufenthalt.

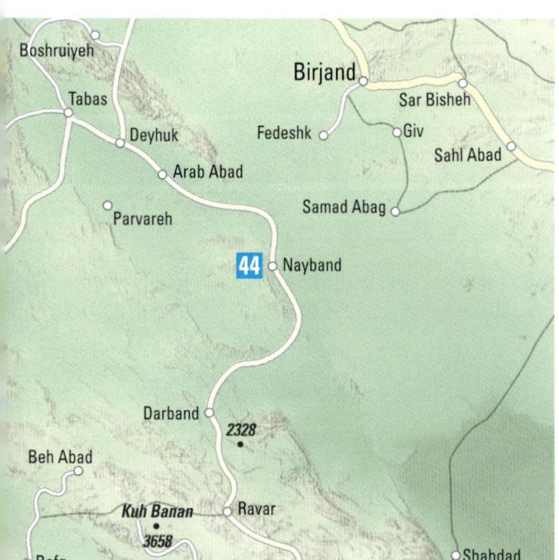

Wer von Deyhuk Richtung Süden fährt, erreicht nach 130 Kilometern Nayband. Bevor sich dort jedoch die Träume von einer paradiesischen Oasenstadt erfüllen, führt der Weg zuerst durch ein überwiegend karges Gebiet. Nur wenige Siedlungen säumen den Weg durch eine Landschaft, die wenig Abwechslung bietet. Das eintönige Bild ändert sich auch nicht, wenn man jenseits von Nayband der Straße kilometerweit südwärts Richtung Ravar und Kerman weiter folgt. Umso kontrastreicher und schöner zeigt sich die Oase selbst. Wenn man von der Hauptstraße abbiegt und geradewegs dem Gebirge entgegenfährt, nach dem Nayband benannt wurde, sieht man schon von Weitem das saftige Grün des Palmenmeers. Wie müssen sich hier früher erschöpfte Reisende bei ihrer Ankunft gefühlt haben, als noch keine Autos zur Verfügung standen, mit denen man problemlos mehrere Hundert Kilometer am Tag zurücklegen kann! Das traumhaft schöne Dorf war jedoch damals wie heute keine Fata Morgana, auch wenn man bei seinem Anblick fest davon überzeugt sein könnte, im Paradies gelandet zu sein.

Ein Paradies der anderen Art ist der Nayband-Nationalpark, der sich in unmittelbarer Nähe des Dorfes erstreckt. In dem mit 1,5 Millionen Hektar Fläche größten Schutzgebiet des Landes sind zahlreiche Wildtierarten beheimatet, darunter Asiatische Geparde, Hyänen, Leoparde und Mufflons.

Kinder führen gerne durch die kleine Siedlung (oben). Die Obstgärten werden von diesem Haus aus mit Thermalwasser versorgt (unten). Folgt man der Straße von Nayband Richtung Ravar, kommt man an der Chah-e Karo-Karawanserei vorbei (rechte Seite oben).

Das pure Leben

Je weiter man sich Nayband nähert, desto endloser wirkt das Meer aus Palmen, das die Ortschaft umgibt. Wer von dort der Straße weiter folgt, erreicht das kleinere Nachbardorf Zard-Gah. Dessen Häuser sind nicht weniger hübsch als im größeren Nachbarort, jedoch im Gegensatz zu denen in Nayband meist verlassen. Einzelne Wasserflaschen und allerlei Gebrauchsgegenstände hängen noch an den Fassaden oder sind im Inneren der Häuser zurückgelassen worden.

Bis Zard-Gah ziehen sich die paradiesischen Obstgärten über viele Kilometer und überraschen in der tristen Umgebung mit ihren prächtigen Farben, bis ihnen das Gebirge ein endgültiges Ende setzt. Das notwendige Nass für die zahllosen Orangenbäume, prächtigen Dattelpalmen und anderen Pflanzen, die hier gedeihen, spendet eine Bergquelle. Ihr Wasser wird im oberen Teil der Oase in einem großen überdachten Becken gesammelt und von dort durch ein Bewässerungssystem durch sämtliche Obst- und Palmengärten geführt, sodass jeder Tropfen Leben spendet. Schon beim Betreten des Quellhäuschens beschleicht einen ein Verdacht, der sich umgehend bestätigt, sobald man die Finger in das Wasser taucht: Die Oase wird – eine weitere Besonderheit von Nayband – tatsächlich mit Thermalwasser versorgt.

Ein Leben in Abgeschiedenheit

Besucher werden in Nayband sogleich freundlich empfangen. Besonders westliche Reisende sieht man hier selten, und so darf es nicht verwundern, wenn sich eine Schar begeisterter Kinder dazu entschließt, sie durch das Dorf zu führen. Voller Tatendrang können dann gemeinsam die Ecken und Enden des Oasenstädtchens erkundet werden, zu dem auch zwei Wachtürme gehören. Naybands Ortsbild unterscheidet sich von dem anderer traditioneller Dörfer, da seine Lehmhäuser höher gebaut sind.

Schon die kleinen Mädchen tragen hier nicht selten Tschadors, was jedoch nicht über ihre Offenheit und Herzlichkeit hinwegtäuschen sollte. Gleiches gilt für die Frauen, unter denen sich manche konservativer und traditioneller kleiden als andere. Unabhängig von der Kleidung, die die Menschen tragen, sie zeigen Unbekannten durchwegs freundliche Gesichter. Die persische Herzlichkeit ist eben auch in den abgeschiedensten Gebieten zuhause. So kann

es in Nayband leicht passieren, dass Gäste Orangen geschenkt bekommen oder gut gelaunte Einheimische zu tanzen beginnen. Im jüngeren Teil des Dorfes erkennt man schnell, dass hier die allermeisten Männer als LKW-Fahrer tätig sind. Unübersehbar sind hier die vielen LKW, deren abgenutzte Reifen gerne in den Ställen am Dorfrand verbaut werden. Sie sind Bestandteil der Ställe als Wände und Tore. Rund 200 Kilometer von Tabas und 180 Kilometer von Ravar entfernt, ist Nayband im absoluten Nirgendwo gelegen, was die Jobsuche nicht unbedingt erleichtert.
Für LKW-Fahrer, die tagelang im ganzen Land unterwegs sind, macht es jedoch kaum einen Unterschied, ob sie in der Einöde oder in der Großstadt wohnen. Die Situation könnte sich in Zukunft jedoch ein wenig ändern. Bislang zieht es Reisende auf der Suche nach einer Oasenstadt mehrheitlich nach Garmeh. Wenn jedoch bekannter wird, wie schön Nayband ist, werden mehr diesen Schatz entdecken wollen. An einer Unterkunft direkt im Dorf fehlt es noch, aber das ist nur eine Frage der Zeit, bis eine solche angeboten wird. Weit weg von den Hauptreiserouten durch den Iran bietet das Oasenstädtchen schließlich das gewisse Etwas, das man nicht vergessen wird.

Karawanserei Chah-e Karo

Wer vom Norden nach Nayband kommt, fährt in der Regel über Ravar weiter nach Kerman. Auf dieser Strecke erwartet Reisende eine weitere Besonderheit: Rund 35 Kilometer vor Ravar liegt eine kleine, kaum bekannte Karawanserei vor einer sagenhaft schönen Bergkulisse. Sie wurde weder in ein Hotel noch in ein Museum umgewandelt, und ist gut erhalten. Dies gilt auch für die zwei Wachtürme, von denen aus die Umgebung perfekt beobachtet werden konnte und etwaige Gefahren schon von Weitem erspäht wurden. Die einstige Herberge für Karawanen ist bereits von der Straße aus zu sehen, doch dies ist keine Seltenheit. Man denke hier nur an die Karawanserei Zeyn od-Din vor Yazd, die in ein Hotel umgewandelt wurde, das wegen seiner unmittelbaren Nähe zur Straße kritisiert wird. Allerdings spiegelt genau diese straßennahe Lage die ursprüngliche Bedeutung der Karawansereien wider: Sie waren Stationen entlang der alten Handelswege, auf denen man auch heute noch reist.

OASEN RUND UM TABAS

Wer sich für verfallene Lehmstädte wie Kharanaq begeistert, sollte unbedingt in die Gegend rund um Tabas reisen. Was dort an schönen Altstädten geboten wird, übertrifft Kharanaq bei Weitem. Allerdings ist die Region erdbebengefährdet, und viele dieser Oasen sowie die Stadt Tabas selbst wurden leider in den 1970er-Jahren durch ein schweres Erdbeben erheblich beschädigt. Nichtsdestotrotz sind die historischen Zentren in Deyhuk und anderen Dörfern auch heute eine wahre Augenweide. Ab Tabas und rund um Deyhuk lassen sich zahlreiche Erkundungstouren zu diesen schönen Siedlungen starten. Die Häuser sind mehrheitlich verlassen und verfallen, doch vereinzelt leben auch hier noch Menschen. Die grünen Flächen rings um die Dörfer werden jedoch wie eh und je landwirtschaftlich genutzt, und auch Ställe für Rind und Ziegen sind zu sehen.

WEITERE INFORMATIONEN

Aufnahmen von Wildtieren des Naybandan-Schutzgebiets: http://wikimapia.org/12191838/Naybandan-Wildlife-Refuge

Wie das Dorf Zard-Gah ist auch dieser Wachturm verlassen, nur die Gärten werden heute noch bewirtschaftet.

Der Eingangsbereich des Ganj-Ali-Khan-Hamams ist mit seinen Malereien von Tier- und Fabelwesen (unten) ein schöner Vorbote für die bezaubernden Innenräume des zu einem Museum umgewandelten Badehauses (rechte Seite oben).

45 Mit Liebe zum Detail – Kerman

Faszination Basar

Die Hauptstadt der Provinz Kerman ist ein idealer Ausgangspunkt für Reisen in die Wüste Dasht-e Lut oder weiter Richtung Bam. Mit seiner großartigen Architektur ist Kerman zudem ein Paradies für alle, die von detailreichen Kuppeln und reich verzierten Fassaden nicht genug bekommen können – und gerne die traditionsreiche Kultur der Badehäuser kennenlernen möchten.

Kermans Hauptsehenswürdigkeit ist sicherlich der zentral gelegene Vakil-Basar, der sich über mehrere hunderte Meter vom Meidan-e Tohid bis zur schönen Freitagsmoschee erstreckt. In dem großartigen Basar lässt sich das rege Treiben mit allen Sinnen genießen, stehen weniger die wertvollen Perserteppiche im Vordergrund als die kleinen orientalischen Kostbarkeiten, die man sich problemlos leisten kann. Wer nicht gerade damit beschäftigt ist, sich einen Gewürzvorrat für die kommenden Jahre zuzulegen, kann im Chaykhaneh Hamam-e Vakil köstlichen Tee in einem orientalischen Ambiente genießen. Das einstige Hamam erfreut Gäste aus der ganzen Welt.

Ganj-Ali-Khan-Komplex

Nicht weit entfernt vom Meidan-e Tohid zieht sich unübersehbar der Ganj-Ali-Khan-Komplex um einen großen Platz in der Mitte, an den der Basar direkt anschließt. Ganj Ali Khan war ein bedeutender Regent in der Provinz Kerman, Ende des 16. und zu Beginn des 17. Jahrhunderts, unter der Herrschaft von Shah Abbas. Er ließ sich zahlreiche Denkmäler bauen und hinterließ auf diese Weise auch in der Provinzhauptstadt seine Spuren. An den Seiten des weitläufigen Platzes, der von Arkadengängen umschlossen wird, finden sich eine Reihe interessanter Sehenswürdigkeiten. An der östlichen Seite gelangt man zu einer großen

Karawanserei, deren Gebäudetrakte über zwei Etagen gehen. Gleich neben ihrem mächtigen Eingang steht eine Moschee, die aufgrund ihrer geringen Größe auf dem ersten Blick unscheinbar wirkt.
Ihre im Vergleich zu anderen Moscheen kleine Kuppel begeistert jedoch auch Kenner, die bereits unzählige Architekturschätze dieser Art gesehen haben. Mit ihren warmen Farben hebt sie sich deutlich von anderen Kuppelbauten im Iran ab. Darüber hinaus bietet ein Aufgang die seltene Möglichkeit, ihre Decke aus ungewöhnlich geringer Entfernung bewundern zu können.
Folgt man den Arkadengängen rund um den zentralen Platz, kommt man an einem leider geschlossenen Quanat, einem historischen Gebäude für die Wasserversorgung, und an einem traditionellen Hamam vorbei. Dort sollte man am Eingang unbedingt innehalten, um die detailreich verzierte Decke zu bewundern. Neben den üblichen floralen Mustern sind hier viele verschiedene Tiere abgebildet und tauchen zwischen Hasen, Raubtieren, Steinböcken und Vögeln dämonische und fabelhafte Figuren auf. Zu sehen sind auch Jagdszenen und Bilder vom Basarleben, darunter eine heranziehende Karawane und ein Gaukler – und von einer Frau, die den Hamam besucht.

Hamam-Traditionen

Dieses Badehaus im Ganj-Ali-Khan-Komplex wurde im Gegensatz zu dem bereits genannten Chaykhaneh Hamam-e Vakil nicht zweckentfremdet – zumindest nicht komplett. Im Betrieb ist der Hamam schon mehr als 60 Jahre nicht mehr, aber um die iranische Badehaustradition in Ehren zu halten, wurde er in ein Museum umgewandelt. Mit Wachsfiguren sind dort die traditionellen Stationen bei einem Hamam-Besuch nachgestellt.
Seit einiger Zeit verliert die islamische Bade- und Körperkultur im Iran an Bedeutung, sodass viele Badehäuser zusperren mussten. Jetzt besteht die Hoffnung, dass der Tourismus die ehrwürdigen Hallen der Bäder instand halten könnte. Ein Museum ist nur eine denkbare Variante, wie die Türkei zeigt. Dort erfreuen sich traditionelle Badehäuser, die sich noch in Betrieb befinden, größter Beliebtheit. Der Ganj-Ali-Khan-Hamam wurde jedenfalls bereits komplett restauriert und zeigt sich heute mit seinen vielen Kuppeln und dem bunten Fliesendekor wieder in seiner vollen Pracht.

MEYMAND

Zur Provinz Kerman gehört auch das abgelegene Dorf Meymand. Auf der Fahrt nach Yazd lohnt ein Abstecher in die Ortschaft, die vielen als UNESCO-Weltkulturerbe ein Begriff ist. Meymands Siedlungsgeschichte reicht 2000 bis 3000 Jahre zurück, seitdem wurde das Dorf kontinuierlich bewohnt. Es liegt in einem Gebirgstal, in dem die Menschen Höhlenwohnungen anlegten, die von Weitem schlecht zu entdecken waren. Neben einfachen Behausungen wurden unter anderem auch ein Badehaus, eine Moschee und ein zoroastrischer Tempel in den Fels geschlagen. Heute leben in Meymand noch rund 130 Menschen. Deren Lebensgrundlage ist vor allem die Viehzucht, die sie halbnomadisch betreiben. Viele von ihnen verlassen die Siedlung im Sommer, um mit den Tieren auf höher gelegene Weiden zu ziehen. Seit einiger Zeit stellt jedoch auch der Tourismus eine wichtige Einnahmequelle dar.

WEITERE INFORMATIONEN

Das traditionelle Leben in den Höhlenwohnungen Meymands:
www.youtube.com/watch?v=30r5KfBOxLc

Weiter östlich der Hauptstraße treffen Dünen und Yardangs aufeinander (oben). Eine Offroad-Tour bietet die beste Möglichkeit, eines der höchsten Dünengebiete der Welt zu erkunden und die Vielfalt der Wüste Dasht-e Lut zu erleben (rechte Seite).

46 Variantenreiche Schönheit der Lut – die Kaluts

Riesen in der Wüste

In einem unwirtlichen Teil der Dasht-e Lut versprechen die Kaluts ein Wüstenerlebnis der besonderen Art. Die bizarren Formationen aus Stein sind die höchsten Yardangs – so der Fachausdruck – der Welt. Mittlerweile hat auch der iranische Fremdenverkehr die Kaluts für sich entdeckt. Nur ein wenig abseits des Touristenzentrums kann man jedoch ungestört die Stille der Wüste erleben.

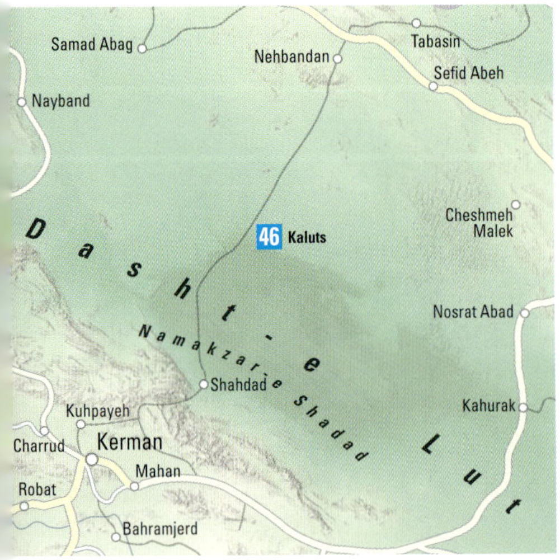

Es ist immer derselbe lange Weg, der zurückgelegt werden muss, um zu den Kaluts zu kommen. Rund 100 Kilometer führt er von Kerman erst einmal nach Shahdad, wo der gewaltige Block der bis zu 80 Meter hohen Formationen schon am Horizont sichtbar ist. Doch erst nach weiteren 40 Kilometern kann man die steinernen Riesen endlich aus der Nähe bewundern. »Yardang« ist der Fachausdruck für die erodierten Meisterwerke, die der Wind geschaffen hat, auf Persisch heißen sie »Kalut« – und so werden sie sowohl von Einheimischen als auch von Reisenden im Iran genannt. Entstanden sind diese spektakulären Gebilde im Lauf von vielen Tausend Jahren. Über einen langen Zeitraum hinweg lagerten sich Flusssedimente aus Ton und Schluff in einem riesigen Becken ab. In die Risse und anderen Störungen in der Oberfläche grub sich der Wind und formte schließlich die stromlinienförmigen Schönheiten, wie sie heute zu sehen sind. Ein Ende ist noch nicht in Sicht, denn nach wie vor schleift der Wind die Yardangs ab, wenngleich er heute wesentlich schwächer weht als in der Vergangenheit. Ein Blick auf die lang gezogenen Formen verrät, dass er dabei stets von nur einer Seite kommt. Massen an Sand wurden so abgetragen.

In der Dasht-e Lut ragen die höchsten Yardangs der Welt auf (unten). Das kleine Shafiabad ist ein perfekter Ausgangspunkt für eine Tour zu den Kaluts und überzeugt mit dem Charme einer Oase (rechts oben). Die weitaus größere Stadt Shahdad wiederum bietet wenige Kilometer entfernt riesige Palmenhaine (ganz unten).

Das Naturphänomen erstreckt sich auf einem Areal von rund 150 Kilometer Länge und 50 Kilometer Breite. In der Regel haben Reisende nicht so viel Zeit, um es ganz erkunden zu können. Tatsächlich bewegen sich die allermeisten in einem sehr kleinen Teil des Kalut-Gebietes, doch wird bereits dieser kleine Einblick genügen, um hellauf begeistert zu sein: Die größten Yardangs der Welt lassen sich auf diesem Fleckchen Erde bestaunen. Wer halbwegs gut zu Fuß ist, wird kaum widerstehen können, die Formationen zu besteigen – sie sind leicht zu erklimmen und bilden ein wahres Kletterparadies. Oben angekommen, wird man von einem fantastischen Panoramablick über das riesige Areal überwältigt.

Ein Stück Freiheit

Auf den Pisten zwischen den Kaluts brettern Jeeps, kleinere PKW und Mopeds. Vor allem für Iranerinnen und Iraner ist das nun leicht zugängliche Yardang-Gebiet zu einer großen Spielwiese geworden. Im absoluten Nirgendwo der Dasht-e Lut verspürt man ein großartiges Gefühl der Freiheit und lässt sich eine ausgelassene Zeit verbringen, denn für Unterhaltung ist auch in dieser vermeintlichen Einöde gesorgt. Für den gewissen Kick sorgen Kamelritte und Fahrten mit Quadcars, die man hier günstig mieten kann. Wer in den Kaluts Einsamkeit genießen möchte, muss einfach das Touristenzentrum hinter sich lassen: Schon nach kurzer Wegstrecke findet man nicht nur weitere schöne Kalut-Formationen, sondern auch die gewünschte Ruhe. Mit einem geeigneten Fahrzeug kann man sich auch noch tiefer in das Gebiet vorwagen, ohne befürchten zu müssen, stecken zu bleiben. Dass man dann zufällig auf einen LKW mit deutschen Weltreisenden trifft, die auch die Ruhe suchen, kann allerdings nicht ausgeschlossen werden.
Die Fahrt über Shahdad in die Kaluts und weiter nach Nehbandan gilt heute als sicher, doch ist das Reisen auf dieser Strecke erst seit Kurzem unproblematisch. Noch vor wenigen Jahren verlief durch das Gebiet eine beliebte Drogenschmuggelroute. Das Problem konnte man erst in den Griff bekommen, als die bis dahin unbefestigte Straße asphaltiert und die Region erschlossen wurde.

Ort der Extreme

Wer der Straße über die ersten Anfänge der Kaluts hinaus Richtung Nehbandan folgt, wird mit weiteren Superlativen belohnt. Nur bis zu

einem gewissen Punkt kann man sich dem rund 480 Quadratkilometer großen Gebiet Gandom-e Beryan, was übersetzt so viel wie »die gerösteten Weizen« bedeutet, nähern. Weiter führt keine Straße in das abgelegene Gebiet, in das man ansonsten nur mit Genehmigung weiter vordringen darf. Das Gandom-e Beryan ist der heißeste Ort der Erde. Vermutet hat dies der Wiener Geograf Gustav Stratil-Sauer bereits in den 1950er-Jahren, und die Messungen geben ihm bis heute recht: Hier wurden Höchsttemperaturen von 70,7° Celsius nachgewiesen. Das schwarze Lavagestein, das den Boden des Gebiets überzieht, unterstreicht auf dramatische Art und Weise die Lebensfeindlichkeit dieser Umgebung und begünstigt durch seine Farbe zudem, dass die Temperaturen in Rekordhöhe steigen. Dass es geradezu wahnwitzig wäre, in den Sommermonaten hierherzureisen, muss wohl nicht erwähnt werden. Auch im Frühjahr ist es im Gandom-e Beryan schon unglaublich heiß, und so ist es kein Wunder, dass hier im Gegensatz zu den Kaluts, wo man durchaus auf Wüstenfüchse treffen kann, keine Tiere beheimatet sind. Eine Ausnahme gibt es: Vor kurzem entdeckten Forscher hier zwei bislang unbekannte Tierarten, vermutlich Spinnen, die unter diesen Extrembedingungen leben.

Statt markiertem Text bitte: Wesentlich leichter zugänglich als das Gandom-e Beryan sind die Kaluts, die man auf der Straße nach Nehbandan erreicht. Diese einzigartigen Formationen werden aufgrund ihrer Form und der salzigen Erdoberfläche als »eiförmig« bezeichnet. Extrem salzig ist auch das Wasser des Flusses Shoor, der – eine weitere Besonderheit der Dasht-e Lut – das ganze Jahr über Wasser führen soll.

Die Oase von nebenan

Nach all dem Sand, Salz und Staub tut es gut, wieder saftiges Grün zu erblicken. Auf dem Weg zurück nach Shahdad lohnt ein Abstecher in die Oasenstadt Shafiabad. Eine kleine Straße führt in den Ort, der meist kaum Bemerkung findet, mit seinen alten Lehmhäusern, Gassen, Palmenhainen und grünen Wiesen jedoch ein echtes Idyll bietet, in dem Ziegen unter Palmen frei herumspringen.

Die lange Geschichte der Oasenstadt bezeugen die vielen Tepes der Umgebung, allerdings sind diese antiken Siedlungshügel bis dato noch weitgehend unerforscht. Im Iran sind diverse Kulturschätze in so riesiger Anzahl vorhanden, dass deren Erfassung und Bewertung finanziell wie organisatorisch nur sehr schwer zu stemmen ist.

TOURISTISCHE GEGENWART UND ZUKUNFT

Dass ein ausgeschildertes Wüstencamp nicht immer luxuriös sein muss, zeigt das Camp bei den Kaluts auf charmante Art und Weise. Ein paar wenige Euro sind fällig, dann kann man hier den PKW parken, sein Zelt aufbauen und auf einfachen, aber netten Plätzen übernachten. Mit den sehr komfortablen Wüstencamps, wie man sie von anderen Reisezielen kennt, hat das wenig zu tun. Aber auch diese Unterkünfte werden folgen. Der kleine Ort Shafiabad putzt sich jedenfalls bereits heraus. Dort wird derzeit innerhalb alter Lehmmauern eine »Natural Heritage Base of Lut« errichtet und künftig auch Kunsthandwerk aus der unmittelbaren Umgebung verkauft werden. Man bemüht sich nach Kräften, den Tourismus in der Region anzukurbeln, auch wenn es derzeit noch an Unterkünften fehlt. Doch auch dieses Problem wird gelöst werden.

WEITERE INFORMATIONEN

Satellitenaufnahmen mit Erläuterungen zur Dasht-e Lut findet man bei Youtube über die Eingabe »Earth from Space: Hottest place on Earth«.

Das Yardang-Gebiet erstreckt sich über eine Länge von 150 und eine Breite von 50 Kilometern. Sie sind zum Teil direkt neben der Straße zwischen Shahdad und Nehbandan zu sehen.

Die Kuppel des Mausoleums zählt zu den schönsten der Provinz Kerman.

47 Die Schatzkiste im Osten – Mahan

Eine türkisfarbene Schönheit

In Mahan scheint eine auffällige strahlende Kuppel das Blau des Himmels und das Weiß der schneebedeckten Berggipfel einfangen zu wollen. Sie schmückt die Grabanlage eines Sufi-Meisters, zu der auch ein paradiesischer Garten und ein prachtvolles mogulisches Vermächtnis gehören.

Schon von Weitem sichtbar ragt die prächtige Kuppel des Mausoleums über den Dächern des Oasendorfes Mahan auf. Es ist die Grabstätte des Gelehrten und Gründers des Nematollahi-Sufi-Ordens Shah Nematollah Vali, der 1431 verstarb. Sechs Jahre danach stiftete Ahmed Shah Vali, König des islamischen Bahmani-Sultanats in Zentralindien, ihm zu Ehren das Mausoleum. In den folgenden Jahrhunderten wurde die gesamte Anlage vielfach erweitert, bis sie ihr heutiges Erscheinungsbild erhielt. Noch heute kommen viele Gläubige, um an der Grabstätte zu beten. Das Mausoleum ist aber nicht nur Pilgerstätte, sondern auch ein beliebtes Ausflugsziel. Besonders sehenswert sind die einst sieben mogulischen Türen, von denen nicht mehr alle vorhanden sind. Ein wunderschönes Exemplar kann im Hinterhof bewundert werden. Bemerkenswert ist auch die Innenkuppel des angeschlossenen Museums, die sich durch ihre floralen Wandmalereien auszeichnet. Hier ist im Gegensatz zur restlichen Anlage Eintritt zu bezahlen.

Bagh-e Shahzade

Der am Rand der Ortschaft gelegene Prinzengarten gehört zu den persischen Paradiesgärten und diente dem Shah als Rückzugsort auf seinen Reisen nach oder durch Kerman. Heute betreten iranische Ausflügler den prunkvollen Garten in Scharen, um sich von der Schönheit selbst zu überzeugen. Neben der farbenprächtigen Flora entzücken hier viele Springbrunnen und die Palastanlagen.

48 Majestätische Festung – Rayen

Die Festungsstadt Rayen ist nach dem Erdbeben in Bam ein beliebtes Ausflugsziel geworden.

Eine belebte Stadt

Nachdem Bam 2003 durch ein verheerendes Erdbeben verwüstet wurde, ist Rayen zu einem beliebten Ausflugsziel geworden. Die mächtige Festung wurde vor Jahrhunderten aus Lehm gebaut. Obwohl sie seit rund 150 Jahren verwaist ist, ist sie hervorragend erhalten.

Bevor Bam zerstört wurden, fanden nur wenige Reisende den Weg in das 2700 Meter hoch gelegene Rayen. Jetzt gehört die alte Lehmfestung fast schon zum Pflichtprogramm, wenn man in der Gegend um Kerman unterwegs ist. Rayen ist in seiner rund tausend Jahre alten Geschichte keineswegs von den Naturgewalten völlig verschont geblieben, die in dieser Region besonders wüten. Sie setzten auch der Bausubstanz der Festung zu, die sich heute jedoch nach Renovierungen wieder schön herausgeputzt zeigt.

Leben in der Festungsstadt

Rayen war ein Militärstützpunkt, der ab seiner Errichtung im steten Austausch mit Bam stand. In der Festung fanden Karawanen Unterkunft auf ihrem Weg zu und von der großen Schwestersiedlung, über einen verbindenden Fluss wurden Waren ausgetauscht und im Sommer verbrachte ein Teil des Militärs von Bam wegen der angenehmen Temperaturen hier seine Zeit. Schutz vor Gefahren boten die zehn Meter hohen Mauern der Festung. Sie umschlossen eine Siedlung, deren Gassen und Häuser heute verlassen sind, die jedoch einst alles besaß, was zu einer lebhaften Stadt gehört. Ein Basar versorgte die Menschen, eine Schule sorgte für die Bildung der Kinder und selbst Verwaltungsgebäude waren hier zu finden. Die Häuser im hinteren Teil der Festung waren nur einer kleinen Elite der Stadt vorbehalten. Dies lässt sich an den großzügigen Räumen und den schönen Innenhöfen erkennen.

49 Die größte Lehmstadt der Welt – Bam

Vor den Trümmern der eigenen Existenz

Die Katastrophe ereignet sich am 26. Dezember 2003. Und plötzlich ist nichts mehr, wie es war. Innerhalb weniger Sekunden reißt ein Erdbeben der Stärke 6,5 abertausende Menschen in den Tod und legt die mittelalterliche Stadt Bam in Schutt und Asche. Die Zeit brachte neue Hoffnung und Leben. Das Erdbeben wird aber immer Teil des kollektiven Gedächtnisses bleiben.

Verwüstung, Tod und Elend wurden mit einem Mal bittere Realität für die Oasenstadt Bam. Das 15 Sekunden lange Erdbeben forderte offiziell rund 31 000 Tote, doch sind sich viele sicher, dass in Wahrheit noch zahlreiche weitere Menschen ihr Leben ließen. So viele Familien wurden zerrissen oder ganz ausgelöscht. Auf den Bildern von den Zerstörungen sieht man häufig nur die Verwüstungen im mittelalterlichen Teil der Stadt, der jedoch schon vor dem Erdbeben nicht mehr bewohnt war. Die Menschen starben in der neuen Stadt vor den Toren der prächtigen Festung, die Jahrhunderte überdauert hatte und sich nun der Natur geschlagen geben musste. Die traditionell aus Lehm errichteten Häuser wurden zur Todesfalle. Schutt und Staub brachen über die Opfer herein und ließen keinen Hohlraum mit Luft zum Atmen, sodass auch der letzte Hoffnungsschimmer im Keim erstickte. Was nach den 15 Sekunden blieb, war Chaos und Leid. Die Überlebenden waren überfordert mit den Toten. Die meisten Menschen hatten kein Dach mehr über dem Kopf und waren mit einer funktionsunfähigen Stadt konfrontiert. Schul- und Gesundheitssystem mussten wieder aufgebaut und Arbeitsplätze neu geschaffen werden. Zu diesen Herausforderungen kam das Trauma, das sich tief in die Köpfe und Herzen der Überlebenden eingebrannt hatte.

In den über zehn Jahren seit dem Erdbeben wurden große Teile der Stadt Bam wieder aufgebaut (unten). Heute erfreut sich die größte Lehmstadt der Welt wieder steigender Besucherzahlen (rechte Seite).

Späte Anerkennung

Erst nach dem Erdbeben wurde die mittelalterliche und schwer beschädigte Stadt Bam von der UNESCO 2004 zum Weltkulturerbe ernannt – und angesichts der Zerstörungen auf die Rote Liste des gefährdeten Welterbes gesetzt. Die Argumentationsgrundlage für den Ehrentitel bezieht sich auf die jahrhundertealte Geschichte Bams, die im 6. Jahrhundert v. Chr. in der achämenidischen Herrschaftsperiode ihren Anfang nimmt. Wesentlich später, zwischen dem 7. und 11. Jahrhundert, erlebte die Oasenstadt eine wahre Blüte aufgrund ihrer wichtigen Funktion als Handelsknotenpunkt. Von hier aus wurden die Waren weiter über das Netz der Seidenstraße nach Zentralasien sowie über den Persischen Golf bis nach Ägypten transportiert. Die Handelsstadt hatte aber auch ein imposantes Stadtbild: Die mächtigen Befestigungsmauern, denen das Erdbeben wenig anhaben konnte, erstrecken sich über zwei Kilometer und umfassten eine belebte mittelalterliche Stadt mit einem Basar, Moscheen und Hamams.

Blick nach vorne

Mit einem gut durchdachten Konzept machte sich die iranische Organisation für Kulturerbe, Handwerk und Tourismus (ICHHTO) in Kooperation mit der UNESCO mithilfe finanzieller Unterstützung aus der ganzen Welt an die Arbeit. Die Häuser des neuen Stadtteils wurden wieder aufgebaut, wobei auf eine erdbebensichere Bauweise Wert gelegt wurde. Die Leitung des Projektes obliegt vor allem jungen Teheranerinnen, die davon überzeugt sind, dass ihre Arbeit auch nächste starke Erdbeben überleben wird. Kleinere Beben gab es in Bam auch immer wieder nach 2003. Die Arbeiten sollen das Erdbeben nicht völlig ungeschehen machen, aber zentrale Gebäude und die prächtige Zitadelle werden detailgetreu und vollständig wieder aufgebaut. Lange Zeit waren sich Reisende unsicher, ob sich der Besuch einer zerstörten mittelalterlichen Stadt lohnt. Aber der Wiederaufbau ist weit vorangeschritten. Heute beeindruckt Bam aufs Neue und ist auch dank der Renovierung weiterhin die größte Lehmstadt der Welt.

DATTELN

Auch das Band aus Dattelpalmen und Gärten mit Zitrusfrüchten, das sich um die Stadt zieht, ist wieder ergrünt. Datteln sind ein wichtiges Exportgut der Stadt und werden im ganzen Land für ihre hohe Qualität und ihr saftiges Fruchtfleisch geschätzt. In Europa kann man von solchen Datteln nur träumen. Die Früchte sind hier alles andere als ausgetrocknet und zäh, sondern bieten mit ihren kräftigen Geschmack und ihrer weichen Konsistenz eine wahre Offenbarung für den Gaumen. In Bam wachsen die Dattelpalmen in 1200 Meter Höhe, die Früchte werden zwischen August und Oktober geerntet. Dann kann man die Köstlichkeit auch samt Bündel kaufen oder sogar selbst pflücken. Der Iran, heute schon der größte Dattelproduzent weltweit, wird in Zukunft noch bekannter werden für seine Datteln.

WEITERE INFORMATIONEN

Das Video der UNESCO und des japanischen TV-Senders NHK zeigt Bam vor und nach dem Erdbeben:
http://whc.unesco.org/en/list/1208/video

Die Bandari-Frauen des Persischen Golfs unterscheiden sich durch ihre Masken (oben) und charakteristisch bestickten Pluderhosen (unten) auf den ersten Blick von den Frauen im Rest des Landes. Besonders auf den Inseln Hormuz, Qeshm und Hengam verkaufen sie Souvenirs (rechts oben) und fertigen kunstvolle Hennatattoos an (rechts unten).

Die Bandaris des Persischen Golfs

Die kulturelle und ethnische Vielfalt der Provinz Hormozgan

Farbenfrohe Kleider, in Ekstase versetzende Zeremonien und geheimnisvolle Gesichtsmasken – die Kultur am Persischen Golf unterscheidet sich wesentlich von anderen Teilen des Landes. Die Menschen Hormozgans verkörpern verschiedenste kulturelle Einflüsse und werden als »Bandaris« bezeichnet.

Bandar« bedeutet zunächst nichts anders als »Hafen«. Es ist also das Küstenleben an den Hafenstädten, das die »Bandaris« der Provinz Hormozgan vereint. Aber auch der dort übliche Dialekt und die in ganz Iran beliebte und für den Süden spezifische Musik sind unter dem Namen »Bandari« bekannt. Dabei ist die heutige Kultur am Persischen Golf das Resultat aus arabischen, afrikanischen, persischen und sogar indischen Einflüssen. Der arabische Bevölkerungsteil ist im Süden des Landes besonders hoch, was sich neben der Kleidung und sunnitischen Moscheen auch an der arabischen Sprache erkennen lässt, die hier neben Persisch oft gesprochen wird. Ein in die Jahre gekommener Hindutempel in Bandar Abbas ist Zeuge, dass während der Anwesenheit der Britischen Ostindien-Kompanie auch Hindus zeitweilig am Persischen Golf beheimatet waren. Kulturelle Besonderheiten haben sich vor allem in diversen Zeremonien erhalten, die noch heute praktiziert werden. Dazu zählt auch das Zar-Ritual, das auf afrikanische Religionen und Mythen zurückgeht. Es wird zu Therapiezwecken eingesetzt, wenn der Zar, ein magischer Wind, wie ein böser Geist von einem Besitz ergreift und für psychische Leiden sorgt. Unter rhythmischer Musik und verhüllt durch ein weißes Leintuch verfällt der oder die Betroffene in Trance, bis er oder sie schließlich

erschöpft und hoffentlich befreit vom Zar wieder zu sich kommt.

Handelszentrum Persischer Golf

Die Hafenstädte entlang des Persischen Golfs waren durch den jahrtausende anhaltenden Handel stets von großer strategischer Bedeutung. Doch ganz gleich, welche Hafenstadt gerade die einflussreichste und prächtigste war, stets war die Golfregion für ihren regen Handel bis weit in den Indischen Ozean hinein bekannt. Demnach verwundert es nicht, dass Geschichten davon erzählen, der legendäre Sindbad habe sich im historischen Siraf aufgehalten. Die bis heute deutlich erkennbare ethnische Vielfalt des Südens wurde durch diese altehrwürdige Handelstradition begünstigt. Der Grund für die im Land kaum bekannte afroiranische Gemeinde ist wie vielerorts auch hier im Sklavenhandel aus Afrika zu finden, der Mitte des 19. Jahrhunderts eingestellt wurde.

Die traditionelle Kleidung Hormozgans

Ob in der pulsierenden Großstadt Bandar Abbas oder auf den Inseln Hormus und Qeshm – der Persische Golf verspricht ganz im Gegensatz zum Rest des Landes farbenfrohe Kleider und Gesichtsmasken. Während es im restlichen Land für Frauen verpönt ist zu rauchen, genießen in Hormozgan viele Frauen ihre Wasserpfeifen vor den Häusern oder auf den Märkten. Gleichzeitig sind sie dabei oft von Kopf bis Fuß in farbenprächtige Kleidung gehüllt und nur die dunklen Augen bleiben zu erkennen. Die Kleidung für Frauen in Hormozgan ist an den bunten Tschadors, der Maske namens burqa und den šalvārs, verzierten Pluderhosen, zu sehen. Die Gesichtsmaske ist in vielen verschiedenen Farben und Formen erhältlich und nicht alle bedecken das Gesicht vollständig. Im besten Fall handelt es sich um Maßanfertigungen, aber auch bei diversen Ständen der Basare finden sie sich zuhauf. Anhand des Musters, der Form und der Farben lässt sich für die lokale Bevölkerung leicht erkennen, woher die Trägerin stammt. Besonders auf Qeshm ist bei älteren Frauen noch eine Maskenform zu sehen, die an einen Schnurrbart erinnert. Sie sollte sie strenger aussehen lassen, damit einmarschierende Truppen glaubten, es stünden Krieger vor ihnen. Prinzipiell hindern die Gesichtsverschleierungen Frauen in Hormozgan nicht daran, mit Männern zu reden und am öffentlichen Leben teilzunehmen. Allerdings zeigen sich manche Gegenden aufgeschlossener und moderner als andere. Besonders auf der Insel Hormus tragen die meisten jungen Frauen keine Masken mehr im Alltag.

Das morgendliche Licht lässt Bandar-e Laft in seinem ganzen Charme erstrahlen (oben). Das Bild der traditionellen Hafenstadt bestimmen Minarette, zahlreiche Windtürme und Palmen (rechts).

50 Vielfalt für Naturliebhaber – Qeshm

Geschäftiges Treiben und seelenruhiges Inselleben

Qeshm darf sich nicht nur die größte Insel des Persischen Golfs nennen, sondern zählt auch zu den offiziell ernannten globalen Geoparks der UNESCO. Wichtige Naturerbestätten von geologischer Bedeutung gibt es auf der Insel in Hülle und Fülle. Dazu kommt eine einzigartige Fauna und Kultur. All das macht Qeshm zu einem unvergesslichen Reiseerlebnis und zeigt Iran von einer gänzlich anderen Seite.

Lange war die westliche Aufmerksamkeitsspanne auf Öl- und Gasgeschäfte beschränkt, wenn es der Persische Golf in die Berichterstattung schaffte. Tatsächlich ist die Küste der Provinz Hormozgan, zu der auch die Insel Qeshm gehört, ein riesiger Umschlagplatz für das schwimmende Gold und hat einen strategisch wichtigen Anteil an der historisch und gegenwärtig bedeutsamen Straße von Hormus. Beinahe 40 Prozent der weltweit verschifften Öllieferungen gehen hier vonstatten. Nun aber entdecken Reisende den Persischen Golf neu und lernen ihn für seine unverkennbare Kultur lieben. Qeshm entwickelt sich seit ein paar Jahren auch innerhalb des Landes zu einem wahren Anziehungsmagnet für Touristen. Das große Geschäft mit Öl und Gas steht unweigerlich im Kontrast zum sehr einfachen Inselleben auf Qeshm. Hier ticken die Uhren langsamer als auf dem Festland und im Winter verwöhnen angenehm warme Temperaturen Reisende, die nach all den großen Städten des Landes selbst einen Schritt zurücktreten und etwas ausspannen möchten. Das Geopark-Management und die lokale Bevölkerung sind darum bemüht, dass es Gästen bei den vielen einfachen, aber liebevoll betreuten Homestays an nichts fehlt. Weniger beschaulich geht es im städtischen Zentrum Qeshm City zu. Bei der gesamten Insel handelt es sich um eine Freihandelszone und viele iranische Reisende nützen die Gelegenheit, sich unter anderem mit Markenprodukten einzudecken. Ganz entgegen des restlichen Insellebens sor-

Bei Ebbe können die Fische, die sich in den aufgestellten Netzen verfangen haben, eingesammelt werden (unten). Die Insel bietet zahlreiche spektakuläre Erosionslandschaften, wie das Shour Valley (ganz unten) und das Stars Valley (rechts).

gen hier große Einkaufszentren für regelrechte Konsumräusche.

Zerklüftet schön – die Erosionslandschaften

Die große geologische Diversität, die sich mit Erosionslandschaften und Salzhöhlen eindrücklich unter Beweis stellt, sowie die beachtenswerte Fauna und Flora machen Qeshm zu einem einzigartigen Naturparadies. Die pittoresk anmutende Erosionslandschaft Darreh Setareha ist zweifellos eines der Highlights der Insel. Das Stars Valley, wie es auf Englisch genannt wird, ist darauf zurückzuführen, dass vor langer Zeit ein herab fallender Stern diese Landschaft geformt haben soll. Wenn abends und nachts die Winde zunehmen und an den Erdpyramiden vorbeiziehen, machen unheimliche Geräusche das Tal unsicher. Ein Grund, warum unter der einheimischen Bevölkerung immer noch Geschichten kursieren, dass das Tal nachts von Dschinns heimgesucht wird und nicht betreten werden soll. Tagsüber können Reisende sicher durch das Säulen- und Wandlabyrinth irren und ein Weg führt auch entlang des oberen Plateaus, von dem aus sich die gesamte Erosionslandschaft überblicken lässt. Die Südküste der Insel lockt Reisende mit der größten Salzhöhle der Welt und dem dazu gehörenden Namakdan-Salzdom. Mit Kopfstirnlampen ausgerüstet ist es möglich, die ersten paar Meter der über sechs Kilometer langen Strecke auf eigene Faust zu erkunden. Kurz nach dem Salzdom findet sich inmitten des Shour Valleys eine weitere atemberaubende Erosionslandschaft. Beim Chahkuh-Canyon handelt es sich schließlich um eine der absoluten Hauptattraktionen der Insel. Die Besonderheiten des Canyons sind die konkav geformten Vertiefungen im Stein und die flachen Brunnen, die als Wasserreservoir für kostbares Regenwasser genutzt wurden.

Der Inselfauna auf der Spur

Das intakte Ökosystem der Insel bedingt, dass hier auch eine artenreiche Tierwelt ihr Zuhause findet. So ist die unscheinbare Siedlung Shibderaz für ihren ausgewiesenen Strand bekannt, wo die gefährdeten Karettschildkröten Anfang März bis Mitte April ihre Eier ablegen. Die Nester werden daraufhin markiert und abgezäunt, um den Schutz der vielen Babyschildkröten, die bis Juni schlüpfen, zu garantieren. Abseits der saisonabhängigen Schildkrötenbeobachtungen lässt sich die vielfältige Fauna des Strandes mit einer Fülle an Krebsen, Muscheln, Seeigeln und Korallen bewundern. Tatsächlich

ist die Insel Qeshm nicht nur wie ein Delfin geformt, sondern auch ein perfekter Ausgangspunkt für Delfinbeobachtungen. In unmittelbarer Nähe zur kleinen Insel Hengam, die von Shibderaz' Hafen aus innerhalb von wenigen Minuten erreichbar ist, zeigen sich oft, wenn auch nicht immer, größere Gruppen von Delfinen, die aus Neugier teilweise sehr nahe an die Boote herankommen. Aber damit nicht genug. Über 150 verschiedene Zugvögel sollen im Hara-Mangrovenwald zwischenzeitlich beheimatet sein, dessen Kernbereich sich auf über 27 685 Hektar erstreckt. Der von der UNESCO ernannte Biosphärenpark kann über die vielen Wasserläufe mit kleinen Speedbooten erkundet werden.

Kunst und Kultur auf der Insel

Wer früh aufsteht und in die Siedlung Bandar-e Laft fährt, kommt in den Genuss zu sehen, wie das morgendliche Licht das Windturmpanorama der charmanten Altstadt umspielt. Die Altstadt von Bandar-e Laft lädt mit ihren lieblichen Gassen, den zahlreichen und architektonisch unterschiedlich gestalteten Windtürmen, Palmen, den Minaretten und den am Ufer stehenden Lenj-Holzschiffen zum Träumen ein und steht wie kein anderes Dorf für das unverkennbare Flair des Persischen Golfs. Dabei ist es ein Leichtes, in der Architektur die arabischen Einflüsse zu erkennen. Wenn sich die Insel auch einen Ruf als Naturparadies erarbeitet hat, eröffnet sie darüber hinaus auch wunderbare Einblicke in das kulturelle Leben am Persischen Golf. Vor allem in der Siedlung Salakh finden immer wieder Kulturveranstaltungen lokaler Musiker statt und nur noch in Salakh wird jährlich im Juli das Nowruz-e Sayyad (Neujahresfest der Fischer) gefeiert, mit allen traditionellen Zeremonien, die dazugehören. Die Bandaris unterscheiden sich vom restlichen Iran auf den ersten Blick durch ihre farbenfrohe Kleidung und ihre charakteristischen Gesichtsmasken. Einige Frauen bieten auf der Insel Hengam auch rote Hennatattoos an und schmücken sich auch selbst damit. Besonders eindrückliche Werften und traditionelle Schiffe sind an der Küste des Dorfes Goran zu sehen. Die an den Schiffen arbeitenden Männer erzählen gerne über die Schiffsbautradition und führen auch zu besonders alten Exemplaren, auf die sie besonders stolz sind.

DIE INSEL HORMUS

»Rainbow Island« wird die kleine Insel Hormus auch genannt, die lediglich 20 Kilometer von Bandar Abbas' Hafen entfernt liegt. Grund hierfür ist, dass sich Sand und Stein auf der Insel in beinahe unzähligen Farbnuancen präsentieren. Der vielfarbige Sand erfreut sich solcher Beliebtheit, dass die Ausfuhr großer Mengen sogar verboten wurde. Die natürlichen Materialien finden sich auch in der Kunst Ahmad Nadalians wieder, der mit der Gründung des Paradise Art Centres nicht nur auf umweltbewusste Kunst setzt, sondern auch auf soziales Engagement. Die Förderung der lokalen und vor allem weiblichen Kunstszene hat schließlich neben dem Museum auch zur Association of Women Painters geführt. Unter westlichen Reisenden gilt Hormus mit seinen einsamen Stränden und seinen zerklüfteten Landschaften noch als absoluter Geheimtipp. Am nördlichen Ufer zeugt ein portugiesisches Fort von der historischen Bedeutung der Insel.

WEITERE INFORMATIONEN

Der Passagierhafen der Provinzhauptstadt Bandar Abbas bietet Fährverbindungen auf die Inseln Hormus und Qeshm, beide sind zwischen 40 und 50 Minuten vom Festland entfernt.

Sindbads Erben – die Kunst der Seefahrt

Auf hoher See

Einst mussten die Kapitäne samt ihren Crews den Launen des Meeres trotzen und waren zugleich selbst gefürchtet, wenn sie sich mit ihren Schiffen nach Mombasa aufmachten. Heute sind die Seefahrertradition des Persischen Golfs und die damit verbundene Schiffsbaukunst längst zu einem schwindenden Kulturgut geworden.

Die traditionellen Holzschiffe gibt es in den verschiedensten Größen und Formen (oben). Sie sind auch an der Küste des Hafenstädtchens Bandar-e Laft (unten) oder samt iranischer Crew im Emirat Schardschar zu finden (rechts unten). In traditionellen Werftanlagen werden die Schiffe repariert (rechts oben).

Seefahrer segelten schon vor 1000 Jahren über das Arabische Meer und den Indischen Ozean nach Ostafrika. An der dortigen Küste, die sie »Zinj« nannten, gründeten sie Handelsplätze wie Lamu, Mombasa und Daressalam. Die Überfahrt gelang ihnen mit Unterstützung des Monsuns, der zweimal im Jahr seine Windrichtung wechselt. Der »Kazaki«, der aus nordöstlicher Richtung weht, half den Seefahrern bei ihrer Reise gen Mombasa. Den »Kuzi«, der das restliche halbe Jahr aus südöstlicher Richtung kommt, brauchten sie für ihre Rückreise in den Persischen Golf.

Der Inbegriff dieser maritimen Tradition sind die Geschichten über den großen Seefahrer Sindbad aus den Märchen aus Tausendundeiner Nacht. Der Name Sindbad ist indoiranischen Ursprungs, und die Schilderungen seiner Abenteuer gehen wahrscheinlich bis in das 9. oder 10. Jahrhundert zurück. Vermutlich handelt es sich dabei um Erzählungen über verschiedene Seefahrer und deren legendäre Erlebnisse. Sindbads Erben brachten mit dem Kuzi über Jahrhunderte hinweg kostbare Gewürze, Elfenbein, aber auch Sklaven in die Küstenregionen des Persischen Golfs. Heute sind dieser Handel und die damit verbundenen Seefahrten Geschichte. Doch so mancher Kapitän, der in seiner Jugend Richtung Ostafrika in See stach, erzählt noch heute stolz davon.

Länderübergreifendes Kulturgut

Die iranischen Hafenstädte Bandar-e Lengeh und Bandar-e Kong genossen großen Ruhm, weshalb sich viele Seefahrer mit ihren Familien hier ansiedelten. In Bandar-e Kong widmet sich heute ein Kulturzentrum und ethnologisches Museum den alten Seefahrertraditionen. Hier kann man hautnah den Stolz der ehrwürdigen, naxodas genannten Kapitäne erleben, die vor etlichen Jahren noch lange Überfahrten nach Ostafrika unternahmen und bis heute Kiswahili sprechen können. Für gewöhnlich kommen die naxodas der Umgebung jeden Abend im einladenden Innenhof des Kulturzentrums zusammen, um Tee zu trinken und über die Seefahrt zu plaudern.

Statt zur großen Fahrt nach Afrika oder Indien in See zu stechen, verkehren die typischen Lenj-Schiffe heute nur noch zwischen den iranischen und arabischen Küsten des Persischen Golfs. Nur wenige Kilometer vom modernen Dubai entfernt trifft man sie beispielsweise samt ihren iranischen Besatzungen im alten Hafen des benachbarten Emirats Schardscha an. Hier werden Waren verladen, und ab und zu finden auf diese Weise auch blinde Passagiere ihren Weg an die arabische Küste des Persischen Golfs. Die Seefahrt kennt eben heute wie in der Vergangenheit keine Landesgrenzen und verbindet Iran mit Irak, den Vereinigten Arabischen Emiraten, Oman und letztlich auch mit Ostafrika.

Pflege der Schiffsbaukunst

Die Lenj-Schiffe sind eine Variante der iranischen Daus und wurden zum Fischen, Perlentauchen oder auch für größere Seereisen bis nach Kuwait, Bahrain und Afrika eingesetzt. Durch den modernen Schiffsbau sank die Nachfrage nach diesen Holzschiffen rapide ab, und viele alte Werften sind mittlerweile vor allem zu Reparaturstätten für Lenj-Schiffe geworden. In der Folge droht die historisch tief verankerte Schiffsbaukunst an der Küste zu verschwinden – ein uraltes Kulturerbe, das über Jahrhunderte von Generation zu Generation mündlich tradiert wurde.

An manchen Orten entlang der nördlichen Inselküste von Qeshm ist die Schiffsbaukunst jedoch noch erhalten geblieben. Besonders eindrucksvolle Werften und Schiffe sind beim Dorf Goran zu sehen. Die dort arbeitenden Männer erzählen gerne über ihre handwerkliche Tradition und führen Interessierte auch zu besonders alten Schiffen. Neben den vereinzelten Lenj-Schiffen, die gebaut und repariert werden, fallen aber auch solche ins Auge, die dem Verfall preisgegeben wurden.

Heute ist die Karawanserei Chah-e Karo aufgegeben, früher bot sie reisenden Händlern notwendigen Schutz.

Register

Iran bietet großartige Landschaften wie die farbigen Berge, antikes Erbe wie die Reliefs in Persepolis und Hamams wie in Kerman (v.l.n.r.).

Spektakuläre Panoramen liefern die bizarren Felsformationen und Dünen der Dasht-e Lut (oben).

Mosaik in der Freitagsmoschee in Kerman.

Impressum

Verantwortlich: Marianne Huber
Redaktion: Barbara Rusch
Layout: graphitecture book & edition; Mediaservice Rudi Stix
Korrektorat: Viola Siegemund
Repro: LUDWIG:media
Kartografie: Kartographie Huber, Heike Block
Herstellung: Anna Katavic
Printed in Italy by Printer Trento

★★★★★

Sind Sie mit diesem Titel zufrieden? Dann würden wir uns über Ihre Weiterempfehlung freuen.
Erzählen Sie es im Freundeskreis, berichten Sie Ihrem Buchhändler, oder bewerten Sie bei Onlinekauf.
Und wenn Sie Kritik, Korrekturen Aktualisierungen haben, freuen wir uns über Ihre Nachricht an Bruckmann Verlag, Postfach 40 02 09, D-80702 Munchen oder per E-Mail an lektorat@verlagshaus.de.

Unser komplettes Programm finden Sie unter

www.bruckmann.de

Bildnachweis: Alle Bilder im Innenteil und auf der Umschlagrückseite stammen von Priska Seisenbacher und Andreas Schörghuber, außer: S. 63o. (Picture Alliance/Ebrahim Noroozi); Shutterstock: S. 119o. li. (Matyas Rehak), S. 126o. (Artography), S. 175u. (Jakob Fischer).

Umschlagvorderseite: Die Decke im Borujerdi-Haus in Kaschan (oben); Die Agha Bozorg Moschee in Kaschan (Mitte); Teppiche auf dem Basar von Schiras (unten).
Umschlagrückseite: Unten: Straße durch das Alamut-Tal; Oben v.l.n.r.: Sinterterrassen in Badab-e Surt; Iranische Frauen in der Altstadt von Bam; Der Schrein der Fatimeh Masumeh in Qom.
Linke Klappe: Die Freitagsmoschee in Yazd.
Rechte Klappe: Gewürze auf dem Basar in Teheran.

Vorsatz: Die Kuppel der Königsmoschee in Isfahan.
Hintersatz: Blick über die Turkmensahara und den Schrein des Khaled Nabi.

S. 5: Eine junge Frau aus Teheran
S. 6/7: Die Königsmoschee in Isfahan

Die Deutsche Nationalbibliothek verzeichnet diese Publikation in der Deutschen Nationalbibliografie; detaillierte bibliografische Daten sind im Internet über http://dnb.d-nb.de abrufbar.

2. überarbeitete Auflage

ISBN 978-3-7343-0663-1

یاد خدا = آرامش